Intensivtrainer
Wortschatz und Grammatik

DaF kompakt neu A2

Birgit Braun
Margit Doubek
Nicole Schäfer

Ernst Klett Sprachen
Stuttgart

1. Auflage 1 ³ ² ¹ | 2019 18 17

© Ernst Klett Sprachen GmbH, Stuttgart 2017.
Alle Rechte vorbehalten.
Internetadresse: www.klett-sprachen.de/dafkompakt-neu

Alle Drucke dieser Auflage sind unverändert und können im Unterricht nebeneinander benutzt werden. Die letzte Zahl bezeichnet das Jahr des Druckes. Das Werk und seine Teile sind urheberrechtlich geschützt. Jede Nutzung in anderen als den gesetzlichen zugelassenen Fällen bedarf der vorherigen schriftlichen Einwilligung des Verlags. Hinweis zu § 52 a UrhG: Weder das Werk noch seine Teile dürfen ohne eine solche Einwilligung eingescannt und in ein Netzwerk eingestellt werden. Dies gilt auch für Intranets von Schulen und sonstigen Bildungseinrichtungen. Fotomechanische oder andere Wiedergabeverfahren nur mit Genehmigung des Verlags.

Autoren: Birgit Braun, Margit Doubek, Nicole Schäfer

Redaktion: Simone Weidinger, Sabine Harwardt
Gestaltung und Satz: Regina Krawatzki, Stuttgart
Illustrationen: Hannes Rall
Umschlaggestaltung: Silke Wewoda
Reproduktion: Meyle + Müller GmbH + Co. KG, Pforzheim
Druck und Bindung: Print Consult GmbH, München

978-3-12-676317-2

Bildquellen
Cover: 1 Corbis (Tom Johnson/Blend Images), Berlin;
2 Shutterstock (ESB Professional), New York
Innenteil: 13.1 Fotolia (Karin & Uwe Annas), New York;
29.1 Fotolia (Niko Endres), New York; **43.1** Shutterstock (Everett Historical), New York; **48.1** Shutterstock (Wolfilser), New York

Inhaltsverzeichnis

Lektion

9 Ein Grund zum Feiern — 6

1. Wir gratulieren! — 6
2. Personalpronomen — 6
3. Einladung zur Examensfeier — 7
4. Wer? Wen? Wem? Was? — 8
5. Abschlussfeiern früher und heute — 8
6. Adjektive nach „ein-", „kein-", „mein-" — 9
7. Nomen aus Adjektiven — 10
8. Vorschläge machen – auf Vorschläge reagieren — 10
9. Weihnachten, Ostern und Erntedankfest — 11
10. Die n-Deklination — 11
11. Wem schenken wir was? – Die Dativ- und Akkusativergänzung — 12
12. Wie schreibt man richtig? Adjektive auf „-ig", „-lich" und „-isch" — 13

10 Neue Arbeit – neue Stadt — 14

1. Quartiere: Vorteile und Nachteile — 14
2. „nicht / kein …, sondern" – „aduso"- Konnektoren — 14
3. Komparativ und Superlativ (prädikativ) — 15
4. Rund ums Wohnen — 17
5. Das ist mein Handy! Das ist meins! – Possessivartikel und Possessivpronomen — 18
6. Wortfeld Möbel — 20
7. Präpositionen mit Akkusativ und Dativ – Wechselpräpositionen — 20
8. Wie schreibt man richtig? – S-Laute — 21

11 Neu in Köln — 22

1. Stadtansichten — 22
2. Studieren im Ausland? – Viele Gründe — 22
3. Leben in Köln — 24
4. Wünsche und Hoffnungen — 25
5. Reflexive Verben — 25
6. Leben in der neuen Stadt – Adjektivendungen — 26
7. Wie schreibt man richtig? – Wörter mit „ö" — 27

Lektion

12 Geldgeschichten — 28

1. Bankgeschäfte – Wortfeld „Bank" — 28
2. Rui braucht Geld – Nebensätze mit „wenn" – „dass" – „weil" — 29
3. Das war doch gestern! – Das Präteritum — 31
4. „Wenn" oder „als"? – Temporale Nebensätze — 32
5. Das gestohlene Portemonnaie – Schriftlich und mündlich über Ereignisse berichten — 33
6. Das Gespräch im Fundbüro — 34
7. Einen Text strukturieren — 35
8. „Jemand" / „niemand" – „etwas" / „nichts" — 35
9. Wie schreibt man richtig? – „-ng" oder „-nk" am Wortende — 35

13 Ohne Gesundheit läuft nichts! — 36

1. Ich fühle mich gar nicht wohl — 36
2. Wie lange schon? Wie lange noch? – Temporale Nebensätze — 36
3. Beim Arzt — 37
4. Kann ich oder darf ich? – Modalverben: Formen und Bedeutung — 38
5. Das neue Medikament – Wortfeld „Beipackzettel" — 40
6. Viele Gründe – Kausale Verbindungsadverbien — 40
7. Kennen Sie Ihren Körper? – Wortfeld „Körper" — 42
8. Wilhelm Conrad Röntgen – Eine Biografie rekonstruieren — 42
9. Wie schreibt man richtig? – Pluralformen ohne und mit Umlaut „ü" — 43

14 Griasdi in München — 44

1. Es gibt kein schlechtes Wetter — 44
2. Über Geschmack lässt sich (nicht) streiten — 44
3. Machen Sie die Dinge klein! – Der Diminutiv — 46
4. „Welcher Rock?" – „Dieser Rock!" – Fragen und zeigen mit Artikelwörtern — 46
5. „Welchen?" – „Diesen!" – Fragen und zeigen mit Pronomen — 47
6. Feste in München — 47
7. Jeder hat schon alles – Indefinitartikel und -pronomen — 48
8. Wie schreibt man richtig? – Nomen mit typischen Endungen — 49

drei 3

Lektion

15 Eine Reise nach Wien — 50

1. Wo übernachten? — 50
2. Das ist ja eine Überraschung! – Die Modalpartikel „ja" — 50
3. Über Filme sprechen — 51
4. Rund um den Karlsplatz — 51
5. Ortsangaben – Wechselpräpositionen: „rauf" oder „runter", „raus" oder „rein" — 52
6. Notizen aus Wien – Einen Reisebericht schreiben — 53
7. Zeitangaben — 53
8. Woher? Wo? Wohin? Wann? – Orts- und Zeitangaben im Satz — 54
9. In der Touristeninformation — 55
10. Indirekte Fragesätze — 56
11. Wie schreibt man richtig? – Diphthonge im Singular und Plural — 57

16 Ausbildung oder Studium? — 58

1. Schule und Berufsausbildung — 58
2. Ausbildung oder Studium? — 58
3. Höfliche Fragen, Bitten, Wünsche – Konjunktiv II — 59
4. Empfehlungen / Vorschläge – Konjunktiv II — 61
5. Die Genitivergänzung — 61
6. Adjektivendungen — 63
7. Relativsätze — 63
8. Stefanias Präsentation — 65
9. Wie schreibt man richtig? – „-er" oder „-e" am Wortende — 65

Lektion

17 Erste Erfahrungen in der Arbeitswelt — 66

1. Bewerbung und Lebenslauf — 66
2. Was wird / wurde gemacht? – Das Passiv — 67
3. Das Vorstellungsgespräch — 69
4. Arbeit, Arbeit, Arbeit – Wortfeld „Arbeitswelt" — 69
5. Mein Praktikum — 70
6. Wie schreibt man richtig? – Die Silbentrennung — 71

18 Endlich Semesterferien! — 72

1. Beliebt oder unbeliebt? – Antonyme — 72
2. „nicht" oder „un-"? – Die Negation von Adjektiven — 72
3. Urlaubstypen — 72
4. Urlaubsziele – Vergleichssätze — 72
5. Indefinitpronomen — 74
6. Ein Anruf im Hotel — 74
7. Ab in den Urlaub! – Texte strukturieren — 75
8. Temporale Nebensätze mit „wenn" und „als" — 75
9. Das wird super! – Die Bedeutung von „werden" — 76
10. Wie schreibt man richtig? – Lange und kurze Vokale — 77

Binnendifferenziertes Lernen mit DaF kompakt neu A2

Der **DaF kompakt neu A2 Intensivtrainer Wortschatz und Grammatik** bietet eng auf das **DaF kompakt neu A2 Kurs- und Übungsbuch** zugeschnittenes Zusatzmaterial. Er kann zur Binnendifferenzierung im Unterricht oder für das Selbststudium verwendet werden.

Aufbau
Der **DaF kompakt neu A2 Intensivtrainer Wortschatz und Grammatik** umfasst acht Kapitel, die in der Grammatikprogression und dem Wortschatz genau auf die gleichnamigen Lektionen im **DaF kompakt neu A2 Kurs- und Übungsbuch** abgestimmt sind. Der Intensivtrainer orientiert sich zwar an der Progression des Kursbuchs, richtet sich aber nicht nach dem Doppelseitenprinzip, sondern hat eigene Schwerpunkte, die im **DaF kompakt neu A2 Kurs- und Übungsbuch** behandelte Phänomene aufgreifen und gezielt üben. Ein Verweissystem verweist auf die entsprechende Aufgabe im Kursbuch:

↗ A 2 Hier wird auf die Aufgabe A2 der jeweiligen Lektion im Kursbuch verwiesen.

Arbeiten mit dem DaF kompakt neu A1 Intensivtrainer Wortschatz und Grammatik
Der Intensivtrainer bietet eine Fülle von Zusatzübungen zum Wortschatz und zur Grammatik zu den einzelnen Lektionen des **DaF kompakt neu A2 Kurs- und Übungsbuchs**. Daneben bietet der Intensivtrainer ein Rechtschreibtraining an, das auch relevante Aspekte des Phonetikprogramms aufgreift, sowie zahlreiche hinführende Aufgaben zum produktiven Schreiben. Jede Übung ist mit einem Buchstaben gekennzeichnet:

- [W] für Wiederholung
- [V] für Vertiefung
- [E] für Erweiterung
- [R] für Rechtschreibung

So können Kursleiter / Kursleiterinnen im Unterricht bzw. die Lernenden selbst leicht entscheiden, ob sie Inhalte aus dem **DaF kompakt neu A2 Kurs- und Übungsbuch** wiederholen oder vertiefen oder gar um neue Aspekte erweitern möchten.

Viel Spaß und viel Erfolg beim Lernen dem **DaF kompakt neu A2 Kurs- und Übungsbuch** und dem **DaF kompakt neu A2 Intensivtrainer Wortschatz und Grammatik** wünschen Ihnen der Verlag und das Autorenteam.

9 Ein Grund zum Feiern

1 Wir gratulieren!

In welcher Situation sagt man das? Kreuzen Sie an.

	a. Jemand hat eine Prüfung bestanden	b. Jemand ist in eine neue Wohnung gezogen	c. Jemand hat Geburtstag	d. Jemand hat geheiratet	e. Jemand hat ein Kind bekommen
1. Ich habe einen netten Nachbarn.	☐	X	☐	☐	☐
2. Wir haben die Flitterwochen in der Karibik verbracht.	☐	☐	☐	☐	☐
3. Schon wieder ein Jahr älter.	☐	☐	☐	☐	☐
4. Wir müssen in der Nacht oft aufstehen.	☐	☐	☐	☐	☐
5. Die Einweihungsfeier findet nächste Woche statt.	☐	☐	☐	☐	☐
6. Endlich bin ich mit dem Studium fertig.	☐	☐	☐	☐	☐
7. Wir wollen die Kleine Annabel nennen.	☐	☐	☐	☐	☐

2 Personalpronomen

a Ergänzen Sie die Personalpronomen im Akkusativ und Dativ.

Nom.	ich	du	er	es	sie	wir	ihr	sie / Sie
Akk.	mich							
Dat.								

b Welche Antwort passt? Verbinden Sie die Sätze und ergänzen Sie die Personalpronomen.

1. Hat dir dein Onkel gratuliert?
2. Hat Sophia ihren Master geschafft?
3. Hast du schon mit Nils telefoniert?
4. Ab wann seid ihr morgen zu Hause?
5. Was schenkst du Sophia zum Abschluss?
6. Hast du Lisa eingeladen?
7. Kommst du am Samstag zu mir nach Hause?
8. Wann besuchst du deine Eltern?
9. Wann rufst du uns an?
10. Hilfst du Nils und Sophia, die Party vorzubereiten?

a. ☐ Ja klar, ich komme gern zu _____.
b. ☐ Ich schenke _____ ein Konzertticket.
c. ☐ Natürlich helfe ich _____.
d. ☐ Ich besuche _____ nächstes Wochenende.
e. 1 Nein, er hat mir noch nicht gratuliert.
f. ☐ Ich rufe _____ morgen Abend an.
g. ☐ Ja, sie hat _____ geschafft.
h. ☐ Ja, ich habe _____ eingeladen.
i. ☐ Ja, ich habe gerade mit _____ gesprochen.
j. ☐ Du kannst ab 16 Uhr zu _____ kommen.

6 sechs

c Lesen Sie die Textnachrichten im Kursbuch A, Aufgabe 4a, noch einmal und beantworten Sie die Fragen mit Personalpronomen wie im Beispiel.

1. Hat Nele Sophia zum Master gratuliert? – *Ja, sie hat ihr gratuliert.*
2. Schickt Marco Sophia Grüße? – Ja, _____
3. Wollte Sophia gerade Nele anrufen? – Ja, _____
4. Soll Nele Marco mitbringen? – Ja, _____
5. Kann Marco zu Sophia mitkommen? Nein, _____
6. Dankt Sophia Nele für die Glückwünsche? Ja, _____
7. Kann Nele bei Sophia übernachten? Ja, _____
8. Machen Sophia und Nils am Samstag eine Party? Ja, _____
9. Wann ist die Abschlussfeier in der Uni? _____
10. Kann Nele Sophia beim Kochen helfen? Ja, _____

3 Einladung zur Examensfeier

a Wie feiert man? Verbinden Sie die Nomen und Verben.

1. Häppchen
2. eine Rede
3. eine Torte
4. Freunde und Verwandte
5. festliche Kleidung
6. bis spät in die Nacht
7. ein Gruppenfoto
8. Geschenke
9. mit Sekt
10. ein schwarzes Barett

a. ⎵ tragen
b. ⎵ feiern
c. 1 anbieten
d. ⎵ anstoßen
e. ⎵ anschneiden
f. ⎵ machen
g. ⎵ halten
h. ⎵ einladen
i. ⎵ tragen
j. ⎵ bekommen

b Ordnen Sie die Sätze und schreiben Sie die E-Mail korrekt.

haben extra ein Restaurant gemietet und es kommen viele Leute. Hast | Liebe Laura, wie geht es dir? Bei mir | viel Platz ;-) Essen und Trinken gibt es auch genug. Bitte gib | meinen Master geschafft! Nach einem Jahr Lernstress kann | mir bald eine Antwort. Liebe Grüße, Ronja | ich zusammen mit drei Kommilitonen eine große Party. Wir | du Zeit und Lust? Wir haben uns so lange nicht | ist alles super, und ich habe eine tolle Nachricht: Ich habe | kannst auch Freunde mitbringen, wir haben | ich endlich wieder feiern und entspannen. Nächsten Samstag um 20 Uhr mache | gesehen! Ich hoffe, du kannst auch kommen. Du

Liebe Laura, wie geht es dir? Bei mir...

_____
_____
_____
_____
_____
_____
_____

c Schreiben Sie eine Zusage und eine Absage für die Einladung in 3b. Benutzen Sie die Redemittel im Schüttelkasten. Schreiben Sie in Ihr Heft.

Herzlichen Glückwunsch zum Examen. | Ich hatte in letzter Zeit auch viel Arbeit, denn … | Danke für die Einladung zur Party. | Ich komme gern, aber ein bisschen später, denn … | Leider kann ich nicht kommen, denn … | Ich möchte …. mitbringen. | Ich möchte dich sehr gerne an einem anderen Tag sehen. | Hast du … Zeit? | Ich freue mich auf nächsten Samstag. | Liebe Grüße

Zusage: Liebe Ronja, …   *Absage: Liebe Ronja, …*

sieben 7

9

d Schreiben Sie eine Einladung zu einer Geburtstagsfeier. Benutzen Sie die Informationen im Schüttelkasten.

~~Liebe (r) …~~ | wie geht … | bei mir alles gut sein | im letzten Semester viel gelernt haben | nicht viel Zeit gehabt haben | aber jetzt Semesterferien sein | endlich entspannen können | nächsten Freitagabend eine große Geburtstagsparty machen | Party bei mir zu Hause stattfinden | viele Leute eingeladen haben | du Zeit und Lust haben? | hoffen, du kommen können | du Freunde mitbringen können | genug Essen und Trinken geben | bitte bald Antwort geben | Liebe Grüße

Liebe / Lieber …
_____
_____
_____
_____
_____

4 Wer? Wen? Wem? Was?

„Wer?", „Was?", „Wen?", „Wem?", „Für wen?", „Mit wem?", „Bei wem?", „Zu wem?" – Fragen Sie mit W-Fragen nach den unterstrichenen Wörtern oder Satzgliedern.

1. Mit wem macht Sophia eine große Party? – Sophia macht mit Nils eine große Party.
2. _____ – Sophia hat Nele eingeladen.
3. _____ – Die Mutter von Marco wird am Samstag 60.
4. _____ – Sophia hat ihren Master geschafft.
5. _____ – Nele übernachtet am Samstag bei Sophia.
6. _____ – Die Geschenke sind für die Mutter von Marco.
7. _____ – Nele hat Sophia Glückwünsche geschickt.
8. _____ – Die Freunde gehen am Samstag zu Sophia.
9. _____ – Sophia feiert ihren Abschluss mit Nils und Nele.
10. _____ – Die Party ist bei ihr zu Hause.

5 Abschlussfeiern früher und heute

a Ergänzen Sie die fehlenden Wortteile.

Schwarze Talare sind eine alte universitäre Trad_i_t_i_o_n_ [1]. Im Mittelalter haben die

Profe_ _ _ _ _ [2] mit einem schw_ _ _ _ _ [3] Talar unterrichtet. Im 20. Jahrhundert war

ein schw_ _ _ _ _ [4] Talar noch lange Zeit bei Feierlichkeiten pop_ _ _ _ [5]. Aber nach 1968

hat man Talare nicht mehr benutzt. Die Stud_ _ _ _ _ [6] haben damals gegen diesen

Bra_ _ _ [7] und gegen konser_ _ _ _ _ _ [8] Professoren protestiert. Die

Univer_ _ _ _ _ _ [9] haben sich dann modernisiert. Die heut_ _ _ _ [10] Professoren

tragen keine Talare mehr. In den let_ _ _ _ [11] Jahren sind Talare aber bei vie_ _ _ [12] Studenten

wieder mod_ _ _ [13] geworden. An deutschen Hochs_ _ _ _ _ _ [14] gibt es jetzt wieder

feier_ _ _ _ [15] Abschlussveranstaltungen und vi_ _ _ [16] Studenten möchten an diesem Tag

einen schw_ _ _ _ _ [17] Talar und ein schw_ _ _ _ _ [18] Bar_ _ [19] tragen. Die

heutigen Studenten finden Tal_ _ _ [20] einfach schick und nicht mehr konse_ _ _ _ _ [21].

So ändern sich die Meinungen und Gewohn_ _ _ _ _ _ [22] von den Menschen.

8   acht

b Nils lädt Lisa zu seiner Abschlussfeier ein. Schreiben Sie die Dialogteile in der richtigen Reihenfolge auf.

Das freut mich, ich gratuliere dir. Und was hast du jetzt vor? | Ja klar, sehr gern. Wer weiß, vielleicht zieht ihr bald in eine andere Stadt. Da müssen wir uns vorher alle nochmal sehen. | Bis dann! | Richtig gut. Hast du schon gehört? Sophia und ich haben unseren Master geschafft. | Nein, sie sucht auch noch. Aber warum fragst du sie nicht selbst? Nächsten Samstagabend machen wir zusammen eine große Party. Die Party ist bei Sophia zu Hause. Hast du Zeit? | ~~Hallo Lisa!~~ | Ja, wir haben beide gute Noten bekommen. Das viele Lernen war nicht umsonst. | Und Sophia? Hat sie schon eine Stelle? | Das ist ja toll. Und wie ist es gelaufen? Habt ihr ein gutes Ergebnis bekommen? | Das finde ich auch. Dann bis nächsten Samstag. | Ich schreibe schon Bewerbungen und hoffe, ich finde schnell einen Job. | Hallo Nils! Lange nicht gesehen. Wie geht es dir?

1. Nils: *Hallo Lisa!*
2. Lisa: _____
3. Nils: _____
4. Lisa: _____
5. Nils: _____
6. Lisa: _____
7. Nils: _____
8. Lisa: _____
9. Nils: _____
10. Lisa: _____
11. Nils: _____
12. Lisa: _____

6 Adjektive nach „ein-", „kein-", „mein-"

a Ergänzen Sie die Adjektivendungen in der Tabelle.

	Maskulinum (M)	Neutrum (N)	Femininum (F)	Plural (M, N, F)	
N	ein / kein / mein schwarz___ Talar	ein / kein / mein toll*es* Foto	eine / keine / meine schön___ Feier	stolz___ Eltern	meine / keine stolz___ Eltern
A	einen / keinen / meinen schwarz___ Talar	ein / kein / mein toll___ Foto	eine / keine / meine schön___ Feier	stolz___ Eltern	meine / keine stolz___ Eltern
D	einem / keinem / meinem schwarz___ Talar	einem / keinem / meinem toll___ Foto	einer / keiner / meiner schön___ Feier	stolz___ Eltern	meinen / keinen stolz___ Eltern

b Ergänzen Sie die Adjektive im Schüttelkasten mit den richtigen Endungen im Nominativ, Akkusativ und Dativ.

elegant | lang (2x) | schön | toll | schwarz (2x) | ~~festlich~~ | neu | dunkel | stolz | groß | frisch | interessant

Am Wochenende hatten wir unsere *festliche* [1] Abschlussfeier. Wir waren in einer _____ [2] Festhalle von unserer Universität. Unsere _____ [3] Absolventen haben neben ihren _____ [4] Eltern gesessen. Ich hatte ein _____ [5] Abendkleid an. Meine Kommilitoninnen haben auch ihre _____ [6] Kleider getragen und sie hatten _____ [7] Frisuren. Mein Freund Philip hat viel Geld in einen _____ [8] _____ [9] Anzug investiert. Der Rektor hat eine _____ [10] Rede gehalten. Dann haben wir mit _____ [11] Baretten und _____ [12] Talaren ein _____ [13] Abschiedsfoto gemacht. Wir hatten einen _____ [14] Abend.

c Der Martinstag – Ergänzen Sie die Adjektivendungen im Nominativ, Akkusativ und Dativ.

Der Martinstag ist ein christlich*es* [1] Fest. Man feiert es am 11. November. Am Abend gehen glücklich___ [2] Kinder durch die Straßen. Sie laufen mit hell___ [3] Laternen in der Hand und singen fröhlich___ [4] Lieder. An diesem Tag wollen sie an den Heilig___ [5] Martin von Tours und seine gut___ [6] Taten erinnern: Martin reitet durch eine kalt___ [7] Nacht. Ein arm___ [8], traurig___ [9] Mann sitzt auf der Straße und hat keine warm___ [10] Kleidung. Er bittet Martin um Hilfe. Sankt Martin gibt ihm seinen warm___ [11] Mantel und rettet ihn vor dem Tod. Die Martinsumzüge mit Laternen, Martinsfeuer und Sankt Martin auf dem Pferd haben eine lang___ [12] Tradition. Man spielt die Legende vom Heilig___ [13] Martin. Er bringt den Kindern lecker___ [14] Teigfiguren, die Weckmänner. Die Kinder stehen mit ihren bunt___ [15] Laternen um ein warm___ [16] Feuer, singen Lieder und essen ihren lecker___ [17] Weckmann. Was für eine schön___ [18] Feier!

7 Nomen aus Adjektiven

Schreiben Sie das passende Nomen. Benutzen Sie die Adjektive im Schüttelkasten.

kalt | vegetarisch | süß | alkoholisch | ~~warm~~ | vegan

1. Kann ich bitte einen Tee bekommen? Ich möchte etwas *Warmes.*
2. Für mich bitte keine Eiswürfel, ich möchte nichts _____.
3. Haben Sie Schokoladenkuchen? Ich habe Lust auf etwas _____.
4. Ich nehme ein Schnitzel, heute möchte ich nichts _____.
5. Haben Sie auch etwas _____? Ich esse keine Eier und keinen Käse.
6. Gibt es eine Cocktailkarte? Wir möchten etwas _____.

8 Vorschläge machen – auf Vorschläge reagieren

Was passt nicht? Markieren Sie die falsche Antwort.

1. Wollen wir uns morgen Abend treffen?
   a. ☒ Ja, wir wollen sie morgen treffen.
   b. ☐ Morgen Abend kann ich nicht. Aber kannst du am Mittwochabend?
   c. ☐ Ja, gern. Treffen wir uns bei mir?

2. Schenken wir Sophia eine Uhr?
   a. ☐ Eine Uhr finde ich nicht so gut.
   b. ☐ Ja, ich finde Sophias Uhr gut.
   c. ☐ Schenken wir ihr lieber ein Armband.

3. Ich habe eine Idee: Wir tragen bei der Feier schwarze Talare.
   a. ☐ Ich trage lieber keine Jeans.
   b. ☐ Das ist ein guter Vorschlag.
   c. ☐ Und wir tragen auch schwarze Barette.

4. Sollen wir einen Tee trinken?
   a. ☐ Ich habe heute schon viel Tee getrunken.
   b. ☐ Ich möchte lieber einen Kaffee.
   c. ☐ Nein, ich mag Tee.

5. Ich schlage vor, du kommst zu mir.
   a. ☐ Du willst zu mir kommen?
   b. ☐ Warum kommst du nicht zu mir?
   c. ☐ Wir können uns auch in einem Café treffen.

6. Wir können doch unsere Freunde einladen.
   a. ☐ Gut, feiern wir lieber mit der Familie.
   b. ☐ Das ist eine gute Idee.
   c. ☐ Ja, wir laden sie in ein Restaurant ein.

9 Weihnachten, Ostern und Erntedankfest

a Suchen Sie zehn Wörter zum Thema Fest und bestimmen Sie Genus und Plural mit Hilfe des Wörterbuchs. Die Wörter stehen horizontal und diagonal.

F	G	E	S	C	H	E	N	K	Q	D	V	H	H	B	M
B	A	C	T	U	J	T	M	J	U	Z	G	G	D	M	P
J	U	K	N	E	U	J	A	H	R	S	F	E	S	T	B
P	P	S	M	T	Q	K	C	N	E	K	F	I	F	B	T
I	O	B	R	A	U	C	H	E	O	G	B	A	L	L	F
W	V	P	S	Q	I	P	B	R	K	W	Y	E	K	X	E
E	D	I	B	E	S	C	H	E	R	U	N	G	W	A	F
I	O	N	Q	H	P	B	H	P	O	I	G	I	V	F	E
H	F	D	F	P	B	B	W	N	W	T	G	B	R	E	S
N	Q	H	X	T	R	A	D	I	T	I	O	N	G	A	T
A	R	X	D	B	L	S	W	I	O	K	S	Q	N	Q	E
C	X	S	C	H	M	U	C	K	C	A	F	C	R	U	S
H	G	B	J	Z	R	M	Q	C	N	G	D	E	K	D	S
T	N	X	D	W	M	Z	O	E	E	J	R	Y	I	B	E
E	H	F	B	G	E	B	U	R	T	S	T	A	G	E	N
N	Y	Q	P	Z	W	N	X	A	N	O	O	Y	V	B	R

1. das Geschenk, -e
2. _____
3. _____
4. _____
5. _____
6. _____
7. _____
8. _____
9. _____
10. _____

b Was bedeuten die Wörter? Verbinden Sie die Satzteile. Welche Feste werden genannt?

1. Die Adventszeit
2. Ostereier
3. Das Erntedankfest
4. Der Adventskalender
5. Beim Erntedankfest
6. Der Heiligabend
7. An Ostern
8. Der Weihnachtsmann
9. Beim Erntezug
10. Ostern
11. Der Adventskranz
12. Osterhase und Ostereier
13. Die Weihnachtsfeiertage
14. Beim Erntedankfest

a. ⎵ schmückt man die Kirche mit Getreide, Früchten und Gemüse.
b. ⎵ sind Symbole für Fruchtbarkeit.
c. ⎣1⎦ ist der Zeitraum vom 1. bis 4. Advent.
d. ⎵ hat für jeden Adventssonntag eine Kerze.
e. ⎵ versteckt man im Garten oder im Haus.
f. ⎵ fährt man mit geschmückten Wagen durch die Dörfer.
g. ⎵ bringt die Weihnachtsgeschenke.
h. ⎵ gibt es oft Musik und Tanz in einem großen Festzelt.
i. ⎵ sind der 25. und 26. Dezember.
j. ⎵ feiert man im Herbst.
k. ⎵ feiert man die Auferstehung von Jesus Christus.
l. ⎵ hat für jeden Tag ein kleines Bild.
m. ⎵ feiert man im März oder April.
n. ⎵ ist der 24. Dezember.

10 Die n-Deklination

a Lesen Sie den Tipp und sortieren Sie die Wörter im Schüttelkasten wie im Beispiel.

~~Neffe~~ | Tourist | Praktikant | Kollege | Zug | Vater | Mensch | Geburtstag | Franzose | Polizist | Patient | Brauch | Student | Onkel | Pädagoge | Fotograf | Nachbar | ~~Freund~~ | Weihnachtsmann | Automat | Osterhase | Reiseführer | Tod | Bär | Löffel | Motor | Arzt | Lehrer | Junge | Psychologe | Doktorand

n-Deklination (im Dativ): dem Neffen, _____
_____

„normale" Deklination (im Dativ): dem Freund, _____
_____

Tipp: Mask. Nomen mit Pl. auf „-e" oder „-en" auch im Sg. Akk., Dat. und Gen. „-n" oder „-en", z. B. Nomen auf: „-and, -ant, -ent, -oge, -at, -ist, -e". **Aber:** 1. „-or", z. B. der Doktor, die Doktoren → dem Doktor; 2. der Herr, die Herren → den Herrn

b Formen Sie die Sätze um.

1. Der Doktorand unterstützt den Professor. → *Der Professor unterstützt den Doktoranden.*
2. Der Junge spricht mit dem Arzt. → _____
3. Der Nachbar ruft Frau Müller an. → _____
4. Der Praktikant hilft Herrn Meier. → _____
5. Der Psychologe kennt meinen Neffen. → _____
6. Der Student fragt die Professorin. → _____
7. Mein Nachbar ruft den Polizisten. → _____
8. Unser Kommilitone redet mit dem Assistenten. → _____

11 Wem schenken wir was? – Die Dativ- und Akkusativergänzung

a Verben mit Dativ- und Akkusativergänzung. Lesen Sie die Textnachrichten. Markieren Sie den Dativ blau und den Akkusativ rot.

> Hallo Nele, kannst du mir helfen? Ich möchte meiner Mutter ein Theaterticket zum Geburtstag schenken. Kannst du mir ein Theaterstück empfehlen? LG Marco

> Hallo Marco, du schenkst ihr einen Theaterbesuch? Gute Idee. Nächste Woche läuft *Hamlet* im Schauspielhaus, das gefällt ihr sicher. Wann willst du ihr das Ticket geben? LG Nele

> Danke, Nele, perfekt! Ich gebe es ihr am Samstag bei der Feier. Und was schenkst du Sophia zum Abschluss? LG Marco

> Ich habe ihr ein Armband gekauft. Sie hat es mir letzte Woche in einem Laden gezeigt, es hat ihr sehr gefallen. LG Nele

> Ein Armband? Ich möchte meiner Schwester einen Ring zu Weihnachten schenken. Sagst du mir den Namen von dem Laden? LG Marco

> Ich weiß den Namen nicht mehr, aber ich kann dir den Weg beschreiben. Aber willst du mich nicht lieber anrufen? Dann erkläre ich es dir. LG Nele

> Natürlich. Jetzt gleich ☺

b Lesen Sie die Regeln und ordnen Sie die Sätze aus 11a zu.

1. Nomen + Nomen: zuerst Dativ, dann Akkusativ: *Ich möchte meiner Mutter ein Theaterticket zum Geburtstag schenken.*

2. Pronomen + Pronomen: zuerst Akkusativ, dann Dativ: _____

3. Pronomen + Nomen: zuerst Pronomen, dann Nomen: _____

c Was schenken wir wem? Bilden Sie Sätze wie im Beispiel.

1. meine Mutter
2. mein Bruder
3. meine Schwester
4. mein Vater
5. mein Opa
6. meine Eltern

1. Ich schenke meiner Mutter einen Pullover.
2. ___
3. ___
4. ___
5. ___
6. ___

d Ersetzen Sie nun in den Sätzen aus 11c die Akkusativergänzung durch ein Pronomen.
1. Ich schenke ihn meiner Mutter.
2. ___
3. ___
4. ___
5. ___
6. ___

e Ersetzen Sie nun in den Sätzen aus 11c die Dativergänzung durch ein Pronomen.
1. Ich schenke ihr einen Pullover.
2. ___
3. ___
4. ___
5. ___
6. ___

f Ersetzen Sie nun in den Sätzen aus 11c die Akkusativ- und die Dativergänzung durch ein Pronomen.
1. Ich schenke ihn ihr.
2. ___
3. ___
4. ___
5. ___
6. ___

12 Wie schreibt man richtig? Adjektive auf „-ig", „-lich" und „-isch"

Ergänzen Sie die Endungen. Lesen Sie die Adjektive laut vor und achten Sie auf die Endungen.

1. gemüt____
2. richt____
3. german____
4. christ____
5. kelt____
6. wicht____
7. persön____
8. langweil____
9. telefon____
10. wahrschein____
11. kirch____
12. typ____
13. höf____
14. sport____
15. schwier____
16. mög____

dreizehn 13

10 Neue Arbeit – neue Stadt

1 Quartiere: Vorteile und Nachteile

Ergänzen Sie das Gespräch zwischen Andrea und Herrn Studer mit den Wörtern im Schüttelkasten.

zentral | außerhalb | Nachteil | Quartier | Kaufhäuser | vermieten | Verkehrsverbindungen | Einkaufsmöglichkeiten | Mieten | ~~Viertel~~ | Lage | gelegen | Ausblick | hoch | Altstadt | Kreis

Andrea: Ist Seefeld ein schönes _Viertel_ [1]?

Herr Studer: Ja, es ist ein sehr schönes _____ [2]. Es ist wunderschön _____ [3], mit einem wunderbaren _____ [4] auf den Zürichsee.

Andrea: Das klingt toll, aber wie sind die _____ [5]?

Herr Studer: Sie sind ziemlich _____ [6]. 6000 Franken sind normal. Das ist leider der _____ [7].

Andrea: Tja. Und Lindenhof? Das ist auch _____ [8] gelegen, oder?

Herr Studer: Ja, die _____ [9] ist sehr gut, direkt in der _____ [10]. Aber man bekommt nur schwer eine Wohnung, weil die Vermieter meistens an Freunde und Bekannte _____ [11]. Vielleicht suchen Sie besser etwas _____ [12]. Zum Beispiel in Witikon, im _____ 7 [13], da sind die Wohnungen nicht so teuer und die _____ [14] sind sehr gut. Es gibt einen Bus.

Andrea: Ah ja, das ist interessant. Und wie sind die _____ [15]?

Herr Studer: Dort gibt es auch viele Geschäfte, aber nicht so große _____ [16] wie in der Bahnhofstraße.

2 „nicht / kein ..., sondern" – „aduso"- Konnektoren

„aduso"-Konnektoren „aber", „denn", „und", „sondern", „oder" stehen auf Position 0.

a Lesen Sie den Hinweis. Bilden Sie Sätze mit „sondern" und schreiben Sie sie in die Tabelle.

1. Quartier: ~~im Nordwesten (sein)~~ → im Südosten (liegen)
2. Quartier: ~~zentral (gelegen sein)~~ → außerhalb (liegen)
3. Miete: ~~hoch (sein)~~ → günstig (sein)
4. Wohnung: ~~separate Toilette (haben)~~ → nur ein Badezimmer mit Toilette (haben)
5. Wohnung: ~~möbliert (sein)~~ → nur teilmöbliert (sein)
6. Wohnung: ~~mit Terrasse (sein)~~ → Balkon (haben)
7. Räume: ~~dunkel (sein)~~ → hell (sein)
8. Räume: ~~alt (sein)~~ → renoviert (sein)

1. Hauptsatz / 1. Satzteil	Position 0	2. Hauptsatz / 2. Satzteil
1. Das Quartier ist nicht im Nordwesten,	sondern	es liegt im Südosten.
2.		
3.		
4.		
5.		
6.		
7.		
8.		

b Lesen Sie den Hinweis und bilden Sie Sätze mit „nicht …, sondern" oder „kein …, sondern".

1. Herr Studer: ~~großes~~ → kleines Gästezimmer haben
   Herr Studer hat kein großes, sondern ein kleines Gästezimmer.
2. Herr Studer: ~~in Zürich~~ arbeiten → in Genf
3. Lara und Andrea: ~~Bad ohne Fenster~~ haben wollen → eins mit Fenster
4. Lara und Andrea: ~~im August umziehen~~ → bis September warten wollen
5. Herr Studer: ~~kleinen Balkon~~ haben → große Dachterrasse
6. Lara und Andrea: ~~getrennt~~ wohnen → zusammen

Nomen: „kein …"
→ Ich habe keine Angst.
Verben: „nicht"
→ Ich studiere nicht.
Adverbien: „nicht"
→ Ich esse nicht viel.
Adjektive: „nicht"
→ Die Miete ist nicht hoch.

c Verbinden Sie die Sätze. Wo müssen Sie ein Komma setzen?

1. Enge ist ein schöner Stadtteil
2. Die Wohnung liegt außerhalb
3. Im Winter können wir die Heizung benutzen
4. Man bekommt hier nur schwer eine Wohnung
5. In der Bahnhofstraße sind die Mieten hoch
6. Zur Arbeit fahren wir nicht mit dem Auto
7. Ich möchte nicht im Zentrum wohnen
8. Manche Leute arbeiten in der Schweiz

denn
und
sondern
oder
aber

a. ⎵ die Vermieter vermieten meist an Freunde.
b. ⎵ wir gehen zu Fuß.
c. ⎵ sie wohnen in Deutschland.
d. *1* es liegt sehr zentral.
e. ⎵ wir benutzen den Kamin.
f. ⎵ lieber in der Natur.
g. ⎵ die Verkehrsverbindungen sind sehr gut.
h. ⎵ es gibt nicht viele Wohnungen.

3 Komparativ und Superlativ (prädikativ)

a Ergänzen Sie die Formen.

Positiv	Komparativ	Superlativ	Positiv	Komparativ	Superlativ
groß				teurer	
	kleiner			älter	
		am schönsten	hoch		
	mehr				am dunkelsten
gut					am modernsten

b Komparativ – Vergleichen Sie. Schreiben Sie Sätze wie im Beispiel.

1. Seefeld > Witikon (teuer)
   Seefeld ist teurer als Witikon.
2. Wohnung in Enge = Wohnung in Lindenhof (groß)
   Die Wohnung in Enge ist so groß wie die Wohnung in Lindenhof.
3. Zürich > Genf (groß)
4. Martin > Andrea (alt)
5. Bern = Genf (schön)
6. Enge = Riesbach (zentral)
7. Garten > Balkon (gut)
8. Neubau > Altbau (modern)

fünfzehn 15

10

c Komparativ – Vergleichen Sie wie im Beispiel.

1. Die Wohnungen in der Altstadt / Schwamendingen – teuer
   Die Wohnungen in der Altstadt sind teurer als in Schwamendingen.
2. Der Ausblick auf die Altstadt / der Ausblick auf den See – schön
3. Die Verkehrsverbindung im Stadtzentrum / Enge – gut
4. Die Zimmer in Altbauten / Neubauten – groß
5. Eine Zentralheizung / ein Kamin – praktisch
6. Wohnungen mit kleinen Fenstern / mit großen Fenstern – dunkel

d Superlativ – Schreiben Sie Sätze wie im Beispiel.

1. Andrea – Liebesromane gern lesen, aber Krimis (+++)
   Andrea liest gern Liebesromane, aber am liebsten liest sie Krimis.
2. Lara – viel arbeiten, aber Manuel (+++)
3. Mieten in Lindenhof – hoch sein, aber in Seefeld (+++)
4. Museum für moderne Kunst – interessant sein, aber Landesmuseum (+++)

e Komparativ und Superlativ – Vergleichen Sie und schreiben Sie Sätze wie im Beispiel.

1. Wohnzimmer: 40 qm, Küche: 15 qm, Bad: 10 qm
   Die Küche ist größer als das Bad. Das Wohnzimmer ist am größten.
2. Lara: 20 Jahre, Andrea: 21 Jahre, Daniel: 25 Jahre
3. München: 10 Grad, Köln: 15 Grad, Hamburg: 12 Grad

f Welche Antwort trifft auf Sie zu? Kreuzen Sie an und vergleichen Sie mit Ihrer Partnerin / Ihrem Partner.

Nutzen Sie eigene Erfahrungen zum Lernen.

1. Liest du gern in deiner Freizeit?
   a. ☐ Nein, ich surfe lieber im Internet.
   b. ☐ Nein, ich treffe lieber meine Freunde.
   c. ☐ Ja, Lesen gefällt mir am besten.

2. Möchtest du in der Schweiz wohnen?
   a. ☐ Nein, ich wohne lieber in meinem Heimatland.
   b. ☐ Ja, die Schweiz finde ich am schönsten.
   c. ☐ Nein, Deutschland gefällt mir besser.

3. Treibst du gern Sport?
   a. ☐ Ja, am liebsten gehe ich ins Fitnessstudio.
   b. ☐ Nein, ich sehe lieber Serien im Fernsehen.
   c. ☐ Ja, aber nur im Sommer, im Winter ruhe ich mich lieber aus.

4. Wie lernst du am liebsten Deutsch?
   a. ☐ Im Deutschkurs, da lerne ich am meisten.
   b. ☐ Zu Hause, da kann ich mich am besten konzentrieren.
   c. ☐ Zusammen mit meinen Freunden, dann kann ich mehr fragen.

g Was finden Sie besser? Schreiben Sie Sätze.

1. im Stadtzentrum / am Stadtrand wohnen
   Ich wohne lieber am Stadtrand als im Stadtzentrum.
2. Altbauwohnungen / Neubauwohnungen gemütlich finden
3. mit dem Rad / mit öffentlichen Verkehrsmitteln fahren
4. alleine / in einer WG wohnen wollen

16 sechzehn

5. eine niedrige Miete / eine gute Wohnlage für mich wichtig sein

6. Möbel im Möbelgeschäft / auf dem Flohmarkt kaufen

7. Hausarbeit jeden Tag / am Wochenende machen

8. einen Kamin / eine Zentralheizung praktisch finden

4 Rund ums Wohnen

a Finden Sie Oberbegriffe.

1. das Geschäftshaus, das Reihenhaus, das Mehrfamilienhaus, der Altbau: _das Gebäude_
2. ledig, verheiratet, geschieden, verwitwet: _____
3. das Erdgeschoss, das Obergeschoss, das Dachgeschoss: _____
4. die Straßenbahn, der Bus, das Fahrrad: _____
5. der Schrank, das Bett, der Tisch, der Stuhl: _____
6. der Norden, der Süden, der Osten, der Westen: _____

Oberbegriffe: So kann man viele Wörter zu einem Thema gut lernen, z. B. der Vater, die Mutter, das Kind = die Familie

b Ordnen Sie zu.

1. die Kaution: a. ☐ Kosten für Heizung, Wasser, Strom …
2. die Ablöse: b. ☐ Die Regeln in einem Mehrfamilienhaus
3. die Nebenkosten: c. ☐_1_ Das Geld muss der Mieter dem Vermieter als Garantie zahlen.
4. möbliert: d. ☐ Das Gebäude ist wieder wie neu.
5. die Hausordnung: e. ☐ Das zahlt der Nachmieter dem Vormieter, z. B. für die Einrichtung.
6. renoviert: f. ☐ Der Vermieter vermietet die Wohnung mit Möbeln.

c Was passt nicht? Kreuzen Sie an.

1. a. ☐ die Kaution   b. ☐ die Miete   c. ☒ die Möbel
2. a. ☐ die Etage   b. ☐ der Neubau   c. ☐ der Stock
3. a. ☐ der Vermieter   b. ☐ der Mieter   c. ☐ der Hausmeister
4. a. ☐ das Wohnzimmer   b. ☐ der Hausflur   c. ☐ das Treppenhaus
5. a. ☐ der Einzugstermin   b. ☐ die Ablöse   c. ☐ der Abstand
6. a. ☐ die Hausordnung   b. ☐ die Waschküche   c. ☐ der Paragraf
7. a. ☐ die Sicherheit   b. ☐ der Schlüssel   c. ☐ der Eingang
8. a. ☐ die Sauberkeit   b. ☐ der Spielplatz   c. ☐ die Kinder

d Christine Eggert sucht eine Wohnung. Schreiben Sie den Dialog. Nicht alle Elemente passen.

Vielen Dank. Und wo ist die Wohnung bitte? | Ich habe noch zwei Fragen: Gibt es eine Parkmöglichkeit? | Das ist gut. Und ist die Wohnung im Dachgeschoss? | Das ist gut. Und hat die Wohnung einen Keller? | Danke sehr. Dann bis Samstag. Auf Wiederhören. | Sehr schön. Und sagen Sie mir noch die Adresse? | Am Samstag besuche ich Sie. Auf Wiederhören. | Ich habe eine Frage: Ich brauche einen Parkplatz. | ~~Hier Christine Eggert. Sie vermieten eine Wohnung. Ist sie noch frei?~~ | Kann ich die Wohnung mal anschauen?

1. Vermieter: Brunner.
   Mieterin: _Hier Christine Eggert. Sie vermieten eine Wohnung. Ist sie noch frei?_
2. Vermieter: Ja, sie ist noch frei.
   Mieterin: _____
3. Vermieter: Aber natürlich, am Samstag von 10 bis 12 ist der Besichtigungstermin. Da kommen alle Interessenten.
   Mieterin: _____
4. Vermieter: Ja, es gibt einen Parkplatz in der Tiefgarage.
   Mieterin: _____

siebzehn **17**

5. Vermieter: Nein, leider nicht, aber auf dem Dachboden hat jeder Mieter einen Abstellraum.
   Mieterin: _____
6. Vermieter: Sie ist Dorfstraße 35. Die Wohnung ist im dritten Stock. Klingeln Sie bitte bei Steiner.
   Mieterin: _____
7. Vermieter: Auf Wiederhören.

e Schreiben Sie für Andrea eine E-Mail an Daniel. Verwenden Sie die Informationen im Schüttelkasten.

Hallo Daniel | endlich 3-Zimmer-Wohnung finden | Wohnung: 3. Stock, Dachgeschoss | Wohnung: im Quartier Enge liegen | gestern Mietvertrag unterschreiben – Mietvertrag unbefristet | Stadtteil: sehr schön – sehr zentral liegen – zu Fuß zur Arbeit gehen können | Wohnung: 58 qm groß – einen Kamin geben | Miete: nicht zu hoch – inklusive Nebenkosten CHF 1940 zahlen | Haustiere: haben dürfen – aber den Vermieter informieren müssen | echt glücklich sein: Vormieter uns Möbel geschenkt haben | natürlich auch Hausordnung geben: im Treppenhaus nicht rauchen dürfen | an Sonn- und Feiertagen in der Waschküche keine Wäsche waschen dürfen | wann uns besuchen? | Viele Grüße

Hallo Daniel, wir haben endlich eine 3-Zimmer-Wohnung gefunden. Die Wohnung ist ...

5 Das ist mein Handy! Das ist meins! – Possessivartikel und Possessivpronomen

a Lesen Sie die E-Mail und ergänzen Sie die Possessivartikel.

Hallo Andrea,
vielen Dank für *deine* [1] Mail. Habt ihr _____ [2] Wohnung schon komplett eingerichtet und habt ihr _____ [3] Nachbarn schon kennengelernt? _____ [4] Vermieter ist ja wirklich nett! Gefallen euch _____ [5] Möbel? Und sind _____ [6] Zimmer schön? Ich war noch nie in Zürich, aber _____ [7] Bruder kennt die Stadt gut, denn _____ [8] Freundin hat dort studiert. Ich komme euch bald besuchen, dann lerne ich _____ [9] Wohnung kennen und du siehst _____ [10] neues Auto. LG, Daniel

b Was fällt auf? Kreuzen Sie in der Regel an.

Die Endungen vom Possessivartikel und die Endungen vom ☐ bestimmten ☐ unbestimmten Artikel sind gleich.

c Schreiben Sie Dialoge wie im Beispiel.

1. dein Mantel? | Schwester – Mantel | im Auto
   ○ *Ist das dein Mantel?*
   ● *Nein, der gehört meiner Schwester. Mein Mantel ist im Auto.*

2. sein Fahrrad? | Freundin – Fahrrad | kaputt
   ○ _____
   ● _____

3. ihr Laptop? | Bruder – Laptop | im Arbeitszimmer
   ○ _____
   ● _____

4. Ihre CDs? | Nachbarn – CDs | in der Tasche
   ○ _____
   ● _____

5. euer Keller? | Nachbarin - Keller | klein
   ○ _____
   ● _____

6. seine Schlüssel | Freund - Schlüssel | auf dem Tisch
   ○ _____
   ● _____

d Possessivpronomen. Ergänzen Sie die Endungen und markieren Sie sie.

Besitzer	Besitztum → Possessivpronomen im Nominativ	Besitztum → Possessivpronomen im Akkusativ	Besitztum → Possessivpronomen im Dativ
er	der Keller → sein**er** das Zimmer → sein**s** die Miete → sein**e** die Möbel → sein___	den Keller → sein___ das Zimmer → sein___ die Miete → sein**e** die Möbel → sein___	dem Keller → sein**em** dem Zimmer → sein___ der Miete → sein___ den Möbeln → sein**en**
wir	der Keller → unser**er** das Zimmer → unser___ die Miete → unser___ die Möbel → unser**e**	den Keller → unser___ das Zimmer → unser___ die Miete → unser___ die Möbel → unser**e**	dem Keller → unser___ dem Zimmer → unser**em** der Miete → unser___ den Möbeln → unser___
ihr	der Keller → eur**er** das Zimmer → eur___ die Miete → eur___ die Möbel → eur**e**	den Keller → eur**en** das Zimmer → eur___ die Miete → eur___ die Möbel → eur___	dem Keller → eur___ dem Zimmer → eur___ der Miete → eur___ den Möbeln → eur**en**
sie (Sg. / Pl.)	der Keller → ihr___ das Zimmer → ihr**s** die Miete → ihr___ die Möbel → ihr___	den Keller → ihr**en** das Zimmer → ihr___ die Miete → ihr___ die Möbel → ihr___	dem Keller → ihr**em** dem Zimmer → ihr___ der Miete → ihr___ den Möbeln → ihr___

e Lesen Sie die Tabelle in 5d noch einmal und kreuzen Sie dann in der Regel an.

Die Endungen vom Possessivpronomen und die Endungen vom ☐ bestimmten ☐ unbestimmten Artikel sind gleich.

f Schreiben Sie Sätze wie im Beispiel. Markieren Sie die Possessivartikel blau und die Possessivpronomen rot. Was fällt auf? Kreuzen Sie in der Regel an: a oder b?

1. Ist das ihr Autoschlüssel? (er) – Nein, das ist _seiner_.
2. Fahren wir mit meinem Auto? (wir) – Nein, mit _____.
3. Kommt der Tisch in ihr Zimmer? (er) – Nein, in _____.
4. Telefoniert sie mit ihrem Handy? (ich) – Nein, mit _____.
5. Ist das dein Auto im Hof? (sie, Sg.) – Nein, das ist _____.
6. Renovieren Sie euer Haus? (sie, Pl.) – Nein, _____.
7. Treffen wir uns in Claudias Wohnung? (ich) – Nein, in _____.
8. Brauchst du meinen Laptop noch? (sie, Sg.) – Nein, ich nehme _____.

1. Possessivartikel   a. ☐ brauchen ein Nomen.   b. ☐ stehen für ein Nomen.
2. Possessivpronomen   a. ☐ brauchen ein Nomen.   b. ☐ stehen für ein Nomen.

g Was passt: a oder b? Kreuzen Sie an.

1. Der Stuhl da, ist das   a. ☐ Ihres?   b. ☒ Ihrer?
2. Das ist dein Handy, aber wo ist   a. ☐ meins?   b. ☐ meine?
3. Du suchst einen Stift? Nimm doch   a. ☐ ihren.   b. ☐ ihres.
4. Ist das sein Schlüssel? – Nein, das ist nicht   a. ☐ seins.   b. ☐ seiner.
5. Wo ist mein Kaffee? Auf dem Tisch sehe ich nur a. ☐ deine.   b. ☐ deinen.
6. Ist der Teppich in seinem Keller? – Nein, in   a. ☐ unserem. b. ☐ unserer.

6 Wortfeld Möbel

Schreiben Sie die Wörter mit Artikel und Plural und ordnen Sie sie den verschiedenen Kategorien zu.

~~Sessel~~ | Wandregal | Stuhl | Bett | Tisch | Badewanne | Sofa | Schrank | Waschbecken | Herd | Kühlschrank | Teppich | Kommode | Lampe | Waschmaschine

Sitzmöbel	Möbel zum Aufbewahren	Im Bad	Maschinen	Sonstiges
der Sessel, die Sessel				

7 Präpositionen mit Akkusativ und Dativ – Wechselpräpositionen

a Schreiben Sie die neun Wechselpräpositionen in die „Neun".

~~hinter~~ über vor
neben
unter   zwischen
in
an   auf

b Lesen Sie zuerst den Hinweis und ergänzen Sie dann die Artikel.

Lara und Andrea stellen das Regal neben _den_ [1] Schreibtisch und den Schreibtisch stellen sie vor _____ [2] Fenster. Die Matratze legt Lara auf _____ [3] Boden und Andrea legt die Decke auf _____ [4] Bett. Sven bringt den Teppich in _____ [5] Keller und hängt den Spiegel in _____ [6] Bad, über _____ [7] Waschbecken. Lara hängt die Fotos an _____ [8] Wand, über _____ [9] Bett. Andrea stellt den Couchtisch zwischen _____ [10] Sessel und _____ [11] Sofa, die Schreibtischlampe stellt sie auf _____ [12] Schreibtisch. Sven stellt die Kommode hinter _____ [13] Tür.

Wohin? → Akkusativ
an das → ans:
Stell die Blumen ans Fenster.
auf das → aufs:
Leg die Decke aufs Bett.
in das → ins:
Stell das Buch ins Regal.
Umgangssprachlich:
vor das → vors;
über / unter das → übers / unters;
vor den → vorn;
über / unter den → übern ; untern

c Sven beschreibt sein Zimmer. Lesen Sie zuerst den Hinweis und ergänzen Sie dann die Präpositionen und die Artikel.

Mein Schreibtisch steht _vor dem Fenster_ (vor / Fenster) [1] und _____ (auf / Schreibtisch) [2] steht meine Schreibtischlampe. Der Schreibtischstuhl steht _____ (vor / Schreibtisch) [3] und mein Regal steht _____ (neben / Schreibtisch) [4]. _____ (in / Regal) [5] stehen meine Bücher und _____ (über / Schreibtisch) [6] hängen meine Fotos. Der Teppich liegt _____ (auf / Boden) [7], _____ (vor / Couch) [8]. Mein kleiner Tisch steht _____ (zwischen / Sessel und Couch) [9]. _____ (hinter / Tür) [10] liegt immer meine Sporttasche. Meine Katze liegt am liebsten _____ (in / Bett) [11] oder _____ (unter / Bett) [12].

Wo? → Dativ
an dem → am:
Die Blumen stehen am Fenster.
in dem → im:
Die Bücher stehen im Regal.
Umgangssprachlich:
auf dem → aufm;
vor dem → vorm;
über / unter dem
→ überm / unterm

d Schreiben Sie Sätze mit „legen" – „liegen" und „setzen" – „sitzen".

 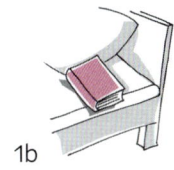  

1a 1b 2a 2b

1a. *Sie legt das Buch auf das Bett.* 2a. _____
1b. *Das Buch liegt auf dem Bett.* 2b. _____

e Lesen Sie zuerst den Hinweis und ergänzen Sie dann die Verben.

1. Das Regal hat im Keller *gestanden*.
2. Andrea hat den Spiegel an die Wand _____
3. Der Teppich hat im Keller _____
4. Die Katze hat vor dem Fenster _____
5. Der Spiegel hat an der Wand _____
6. Andrea hat den Teppich in den Flur _____
7. Sie haben den Tisch in den Keller _____
8. Sven hat seine Katze ins Auto _____

f Andrea beschreibt ihre neue Wohnung. Schreiben Sie Sätze wie im Beispiel.

1. Regal: zuerst links an der Wand stehen – dann ich es zwischen die Fenster stellen
   Das Regal hat zuerst links an der Wand gestanden, dann habe ich es zwischen die Fenster gestellt.
2. Matratze: zuerst in Flur auf Boden liegen – dann ich sie links von der Tür an die Wand legen
   _____
   _____
3. Kleiderschrank: am Anfang neben Bett stehen – dann ich ihn rechts neben die Tür stellen
   _____
   _____
4. Regal: vorher über Sofa hängen – dann ich es rechts neben das Fenster hängen
   _____
   _____
5. Teppich: zuerst im Zimmer liegen – dann ich ihn in den Keller legen
   _____
   _____
6. Schreibtisch: am Anfang in der Ecke stehen – ich ihn dann vor das Fenster stellen
   _____
   _____

Wohin? → legen, stellen, setzen, hängen → regelmäßig: hat gelegt, hat gestellt, hat gesetzt, hat gehängt
Wo? → liegen, stehen, sitzen, hängen → unregelmäßig: hat gelegen, hat gestanden, hat gesessen, hat gehangen
In Süddeutschland, Österreich und in der Schweiz: Ich bin vor der Tür gestanden. Das Buch ist auf dem Tisch gelegen. Ich bin auf dem Sofa gesessen. Der Spiegel ist an der Wand gehangen.

8 Wie schreibt man richtig? – S-Laute

Ergänzen Sie „s" – „ss" – „ß".

1. der Fu____, die Fü____e
2. der Bu____, die Bu____e
3. der Gru____, die Grü____e
4. die Ga____e, die Ga____en
5. die Ta____e, die Ta____en
6. die Ho____e, die Ho____en
7. die Adre____e, die Adre____en
8. der Schlü____el, die Schlü____el
9. der Se____el, die Se____el
10. die Rei____e, die Rei____en
11. der Prei____, die Prei____e
12. die Grö____e, die Grö____en

einundzwanzig 21

11 Neu in Köln

1 Stadtansichten

a Was ist das? Ergänzen Sie.

1. Die Kathedrale in Köln heißt _Kölner Dom._
2. Das historische Zentrum von einer Stadt nennt man _____.
3. Der Mittwoch am Ende vom Karneval heißt _____.
4. Den Karnevalsmontag nennt man _____.
5. Frühling, Sommer, Herbst und Winter sind die vier _____.

b Lesen Sie die Infotexte zu Köln im Kursbuch A, Aufgabe 1, noch einmal und korrigieren Sie die Sätze.

1. Der Kölner Karneval hat zurzeit ca. 48.000 Studenten.
   → _Der Kölner Karneval hat ca. 1.Mio. Besucher._
2. Die Universität Köln liegt nah am Rhein.
   → _____
3. Die Römer haben vor über 2000 Jahren den Kölner Dom gegründet.
   → _____
4. Alle Kölner Studenten kommen aus dem Ausland.
   → _____
5. Der Kölner Karneval beginnt am Rosenmontag und endet am Aschermittwoch.
   → _____
6. Die Römer haben 1388 die Universität gegründet.
   → _____
7. Die Türme vom Kölner Dom sind ca. 600 m hoch.
   → _____
8. In der Kölner Altstadt kann man viele Kathedralen sehen.
   → _____

2 Studieren im Ausland? – Viele Gründe

a Ergänzen Sie die Sätze mit den Satzteilen im Schüttelkasten.

denn er hat schon viel über den Karneval in Köln gehört. | denn er will weg von zu Hause. | weil er schon einmal als Tourist in Köln gewesen ist. | ~~weil die Kölner Universität einen guten Ruf hat.~~ | dass das Studentenleben in Köln sehr interessant ist. | dass Köln weit weg von Linz ist.

1. Bernhard will in Köln studieren, _weil die Kölner Universität einen guten Ruf hat._
2. Bernhard findet gut, _____
3. Er möchte in einer anderen Stadt studieren, _____
4. Er kennt Köln, _____
5. Bernhard freut sich auf den Karneval, _____
6. Er glaubt, _____

b Bernhard und Verena sprechen über ein Studium im Ausland. Schreiben Sie den Dialog.

Genau. Ich glaube auch, dass Auslandserfahrung heutzutage sehr wichtig ist. | Weil mir Köln gut gefällt. Außerdem wollte ich von zu Hause weg und etwas Neues sehen. | Alles klar, das machen wir. | Ich studiere bald Wirtschaftsmathematik. | Das ist gut. Ich hatte schon Angst, dass ich Probleme bekomme, weil ich nichts verstehe. | ~~Ja genau. Und du bist Verena, oder? Studierst du auch hier in Köln?~~ | Ein bisschen schon, weil der Kölner Dialekt auch schwer für mich ist.

1. Verena: Du bist Bernhard aus Österreich, richtig?

   Bernhard: _Ja genau. Und du bist Verena, oder? Studierst du auch hier in Köln?_

2. Verena: Ja, ich studiere Maschinenbau. Und du?

   Bernhard: _____

22 zweiundzwanzig

3. Verena: Interessant. Warum möchtest du denn in Köln studieren?

   Bernhard: _____

4. Verena: Das kann ich gut verstehen. Ich war in Krakau, weil ich in einer anderen Stadt leben und eine andere Kultur kennenlernen wollte.

   Bernhard: _____

5. Verena: Und in Krakau habe ich sogar etwas Polnisch gelernt. Aber Sprachprobleme gibt es hier ja keine für dich.

   Bernhard: _____

6. Verena: Natürlich sprechen die Leute hier auch Hochdeutsch. Vor allem die jungen Leute sprechen kaum noch Kölsch.

   Bernhard: _____

7. Verena: Nein, keine Sorge. Und ein neuer Dialekt ist doch auch spannend, oder? Ich kann dir einen Sprachkurs geben.

   Bernhard: _____

c Lesen Sie die Sätze und verbinden Sie sie mit „denn" oder „weil".

1. Viele Studenten aus dem Ausland wollen in Deutschland studieren,
2. Die erste Zeit im Ausland ist oft schwer, — weil
3. Viele Studenten möchten ins Ausland gehen,
4. Auslandserfahrung ist wichtig, denn
5. Studenten möchten von zu Hause ausziehen,
6. Viele Studenten müssen jobben,

a. ⬜ sie ist gut für die berufliche Zukunft.
b. ⬜ man in einer anderen Kultur leben und eine andere Sprache lernen kann.
c. ⬜ sie wollen das Studentenleben genießen.
d. ⬜ das Leben sehr teuer ist.
e. ⬜ man ist alleine und alles ist fremd.
f. ⬜1⬜ das Studium dort nicht so teuer ist.

d Schreiben Sie zwei Sätze aus 2c in die passende Tabelle und ergänzen Sie die Regel. Was fällt auf? Kreuzen Sie in der Regel an: a oder b?

Hauptsatz	Nebensatz		
1. Viele Studenten aus dem Ausland wollen in Deutschland studieren,	weil	das Studium dort nicht so teuer	ist.

1. Hauptsatz	Position 0	2. Hauptsatz
2. Die erste Zeit im Ausland ist oft schwer,	denn	man ist alleine und alles ist fremd.

1. „weil" verbindet Hauptsatz + Nebensatz. Das Verb steht   a. ⬜ auf Position 2.   b. ⬜ am Satzende.
2. „denn" verbindet Hauptsatz + Hauptsatz. Das Verb steht   a. ⬜ auf Position 2.   b. ⬜ am Satzende.

e Formulieren Sie Sätze mit „dass" und schreiben Sie sie in eine Tabelle in Ihr Heft.

1. Österreichische Studierende haben in Deutschland den Vorteil // sie müssen keine fremde Sprache lernen
2. Viele ausländische Studenten hoffen // sie bekommen einen Platz im Studentenwohnheim
3. Sie hoffen // sie können das Studium schnell abschließen
4. Sie finden es gut // in Deutschland gibt es Nebenjobs und keine Studiengebühren
5. Viele Studenten merken erst im Studium // sie haben das falsche Fach gewählt

11

f Lesen Sie den Artikel aus einer Universitätszeitung und ergänzen Sie die Konnektoren „weil", „denn" und „dass".

> Köln. Viele Studenten meinen, _dass_ [1] Auslandsaufenthalte im Studium wichtig sind. Man weiß heute, _____ [2] ein Studium im Ausland die Chancen für eine Karriere verbessert. Ein Auslandsstudium erweitert auch den persönlichen Horizont, _____ [3] man andere Menschen und ihre Kultur kennenlernt. Aber das Leben im Ausland ist manchmal anstrengend, _____ [4] es gibt auch Probleme. Fazit: Viele Studierende finden, _____ [5] ein Auslandsstudium eine positive Erfahrung ist, _____ [6] es gibt oft schöne Erinnerungen und die neuen Freunde sind ein wirklicher Gewinn.

g Verbinden Sie die Sätze mit den Konnektoren in Klammern.

1. Bernhard möchte Wirtschaftsmathematik studieren. Wirtschaftsmathematik ist ein interessantes Fach. (denn)
2. Bernhard hat Eva etwas gesagt. Die Uni in Köln hat einen guten Ruf. (dass)
3. Er möchte in Köln studieren. Er will jetzt anders leben. (weil)
4. Bernhard kennt Köln schon. Er war mit seiner Schwester in Köln. (denn)
5. Ingrid und Bernhard waren in Madrid. Sie haben Spanisch gelernt. (weil)
6. Bernhard hat Angst. Er kann in Köln nichts verstehen. (dass)
7. Er hat etwas gehört. Eva lebt in einer WG. (dass)
8. Eva kennt Bernhard. Sie haben in Madrid zusammen einen Sprachkurs besucht. (weil)

1. Bernhard möchte Wirtschaftsmathematik studieren, denn es ist ein interessantes Fach.

h Ergänzen Sie die Wörter im Schüttelkasten.

Auslandserfahrung | Hochschulen | Vorteile | ausländischen | gestiegen | Sprache | deutschen | ~~Studierende~~ | studieren | Wintersemester | Studiengebühren | österreichische | Sprachprobleme

Immer mehr _Studierende_ [1] aus Deutschland möchten im Ausland _____ [2]. Etwa 134.500 Personen studieren zur Zeit an _____ [3] Hochschulen. Österreich gehört zu den Lieblingsländern von _____ [4] Studierenden. Sie haben dort verschiedene _____ [5], weil man dieselbe _____ [6] spricht und es keinen NC und keine _____ [7] gibt. Aber auch viele ausländische Studenten wollen an deutschen _____ [8] studieren: Im Wintersemester 1997/98 waren es 104.000 Personen, bis zum _____ [9] 2013/14 ist ihre Zahl auf 236.000 _____ [10]. 11.800 davon waren Österreicher. Für _____ [11] Studenten ist ein Studium in Deutschland sehr bequem, denn es ist eine _____ [12], aber es gibt keine _____ [13].

3 Leben in Köln

Fühlt sich die Person in Köln wohl? Markieren Sie zuerst die Redemittel, mit denen man eine Meinung ausdrückt. Ordnen Sie dann in der Tabelle zu.

1. Ich wohne seit 2 Jahren in Köln. Ich finde, dass es eine sehr schöne Stadt ist. Mit dem Dialekt habe ich keine Probleme: Inzwischen spreche ich sogar ein paar Wörter Kölsch.
2. Ich bin noch ganz neu hier und fühle mich fremd. Ich hoffe aber, dass ich bald Leute kennen lerne.
3. Meine Freunde haben mir gesagt, dass ich unbedingt in Köln studieren soll. Im März bin ich aus Bochum hierher gezogen. Seit dem Sommersemester bin ich jetzt in der Domstadt – es war eine gute Entscheidung.
4. Ich komme aus der Schweiz. Am Anfang hatte ich Angst, dass ich hier keine Freunde finde. Aber die Kölner sind sehr hilfsbereit und offen. Hier bleibt man nicht allein.
5. Ich komme aus Bergisch-Gladbach, einer kleinen Stadt in der Nähe von Köln, und lebe jetzt im Stadtzentrum von Köln. Der Vorteil von einer Großstadt wie Köln ist, dass es ein tolles Kulturprogramm gibt. Aber es gibt auch viel Verkehr. Ich möchte bald wieder weg und hoffe, dass ich in meiner Heimatstadt eine Stelle finde.

	Person 1	Person 2	Person 3	Person 4	Person 5
Fühlt sich wohl	x				
Fühlt sich nicht wohl					

4 Wünsche und Hoffnungen

a Was wünschen Sie sich für Ihr Leben und Ihr Studium in Deutschland? Schreiben Sie „dass"-Sätze. [V] [A3]

~~schnell Deutsch lernen~~ | eine günstige Wohnung bekommen | neue Freunde kennenlernen | einen Nebenjob finden | einen Studienplatz an einer guten Universität bekommen | sich nicht einsam fühlen | das Studium erfolgreich abschließen | bei einem Praktikum Berufserfahrung sammeln | nach dem Studium in Deutschland arbeiten | nach dem Studium in meinem Heimatland eine gute Arbeit finden

1. *Ich hoffe, dass ich schnell Deutsch lerne.*
2. *Ich wünsche mir, dass ...*
3. _____
4. _____
5. _____
6. _____
7. _____
8. _____
9. _____
10. _____

b Was ist für Sie persönlich am wichtigsten? Was ist weniger wichtig? [E]

Am wichtigsten ist für mich _____
Weniger wichtig ist _____

5 Reflexive Verben

a Beantworten Sie die Fragen. Schreiben Sie einen vollständigen Satz. [W] [B2]

1. Fühlen Sie sich in Ihrer Heimatstadt wohl?
   Ja. Ich fühle mich dort wohl. / Nein. Ich fühle mich dort nicht wohl.
2. Erholen Sie sich gerne am Meer? _____
3. Freuen Sie sich auf die Ferien? _____
4. Unterhalten Sie sich gerne mit Ihren Nachbarn? _____
5. Interessieren Sie sich für Politik? _____
6. Duschen Sie sich jeden Tag? _____
7. Erinnern Sie sich noch an Ihren Mathematiklehrer? _____
8. Verlieben Sie sich oft? _____

b Beantworten Sie die Fragen. Schreiben Sie einen vollständigen Satz. [W] [B2]

1. Kannst du dir gut Vokabeln merken?
   Ja, ich kann mir gut Vokabeln merken. / Nein, ich kann mir nicht gut Vokabeln merken.
2. Wäschst du dir jeden Tag die Haare? _____
3. Möchtest du dir ein Auto kaufen? _____
4. Schaust du dir gerne Dokumentarfilme an? _____
5. Ziehst du dir gerne schicke Kleidung an? _____
6. Wünschst du dir viele Geschenke zum Geburtstag? _____
7. Kannst du dir vorstellen, eine Weltreise zu machen? _____
8. Nimmst du dir immer vor, mehr zu lernen? _____

fünfundzwanzig **25**

11

c Ergänzen Sie das Reflexivpronomen.

1. Gestern habe ich _mir_ ein Buch gekauft.
2. Möchtest du _____ ein anderes Zimmer suchen? Das ist zu klein.
3. Erinnert ihr _____ noch an unsere Deutschlehrerin?
4. Wo bist du? Ich warte schon 10 Minuten. – Ich ziehe _____ schnell um und komme sofort!
5. Nimm _____ ein Brötchen! Sie schmecken sehr gut!
6. Sie schreiben die Adresse auf. Sie können _____ den Weg nicht merken.
7. Interessiert ihr _____ für deutsche Literatur?
8. Wo befindet _____ die älteste Universität Deutschlands?
9. Ich stelle _____ den Karnevalsumzug verrückt vor.
10. Scott hat _____ sofort in die Altstadt verliebt.

d Beantworten Sie die Fragen. Schreiben Sie einen vollständigen Satz im Perfekt.

1. Hast du dich in der Schule wohlgefühlt?
   Ja, ich habe mich in der Schule wohlgefühlt. / Nein, ich habe mich in der Schule nicht wohlgefühlt.
2. Hast du dich in den letzten Ferien gut erholt? _____
3. Hast du dir gestern einen Film angesehen? _____
4. Hast du dich heute schon umgezogen? _____
5. Hast du dir heute Morgen die Zähne geputzt? _____
6. Hast du dich heute schon geduscht? _____

e Ergänzen Sie die Reflexivpronomen und die Personalpronomen.

1. ○ Fühlst du _dich_ wohl in Köln? – ● _____ fühle _____ dort sehr wohl.
2. ○ Freust du _____ auf die Semesterferien? – ● _____ freue _____ schon sehr darauf.
3. ○ Wo befindet _____ der Kölner Dom? – ● _____ befindet _____ neben dem Bahnhof.
4. ○ Du hast _____ gar nicht verändert! – ● _____ _____ auch nicht!
5. ○ Ich freue _____ auf deinen Besuch. – ● _____ _____ auch.
6. ○ Hast du _____ schon den Kommilitonen vorgestellt? – ● Nein, ich stelle _____ _____ morgen vor.
7. ○ Interessierst du _____ für Malerei? – ● Nicht so sehr, _____ interessiere _____ mehr für Theater.
8. ○ Meine Schwester hat _____ in ihren Nachbarn verliebt. – ● Und er _____ auch in _____ ?

6 Leben in der neuen Stadt – Adjektivendungen

a Was gefällt Ihnen in Ihrer Stadt? Was gefällt Ihnen nicht? Schreiben Sie.

Vorteile:
die guten Verkehrsverbindungen
die niedrigen Mieten
das große kulturelle Angebot
die originellen Kneipen
die interessanten Museen
die schöne Altstadt
das moderne Stadtzentrum
die schöne Fußgängerzone
… .

Nachteile:
die schlechten Verkehrsverbindungen
die hohen Mieten
die schlechten Straßen
das schlechte Kulturangebot
die unfreundlichen Menschen
das hässliche Stadtzentrum
die langweilige Architektur
… .

Ich mag … _____

Ich ärgere mich über … _____

b Ergänzen Sie die Adjektivendungen nach dem bestimmten Artikel.

In Köln gibt es viele interessante [1] Sachen für Besucher. Der schön____ [2] Dom gehört zu den bedeutendst____ [3] Kathedralen weltweit. In der hübsch____ [4] Altstadt kann man die alt____ [5], traditionell____ [6] Häuser anschauen. Dort gibt es auch viele Kneipen und man kann das lecker____ [7] Kölner Bier probieren, das Kölsch. Kölsch ist nicht nur der Name für das speziell____ [8] Bier aus der Stadt am Rhein, sondern auch für den lebendig____ [9] Kölner Dialekt. Und natürlich findet jedes Jahr der berühmt____ [10] Karneval statt.

c Adjektive nach dem bestimmten und unbestimmten Artikel. Ergänzen Sie die Endungen.

Hallo Bernhard,
Veränderungen sind immer gut und du kannst dich wirklich nicht beschweren. Du bist in Köln, in einer toll_en_, deutsch_en_ [1] Universitätsstadt. Und du bist weg von zu Hause. Freust du dich nicht? Nach d____ schnell____ Umzug [2] musst du Köln und die Kölner richtig kennenlernen. Hast du schon eine WG gefunden? Wie sind d____ neu____ Mitbewohner [3]? Und erzähl mir von d____ studentisch____ Leben [4] an der Uni! In Linz läuft alles wie immer. Du weißt ja, ich habe ein____ langweilig____ Praktikum [5] gemacht, das ist nun zum Glück vorbei, und in d____ nächst____ Woche [6] fängt d____ neu____ Semester [7] an. Ich freue mich sehr auf d____ alt____ Studienkollegen [8]! Und ich freue mich auf d____ interessant____ Berichte [9] aus Köln ☺ Vergiss nicht: Zum Karneval will ich unbedingt kommen. Dann zeigst du mir dein Leben in d____ neu____ Stadt [10]. LG, Frank

d Silvia möchte für ein Jahr ihr WG-Zimmer vermieten. Ergänzen Sie, wo nötig die Endungen.

Möbliert_es_ Zimmer [1] zu vermieten!

Hallo Leute,
ich studiere Soziologie in Bochum und will ein Jahr im Ausland verbringen. Ich wohne in ein____ klein____ WG [2] in d____ schön____ Altstadt [3]. Wir sind drei sympathisch____ Studentinnen [4]. Unser____ Wohnung hat ein____ groß____ [5] Wohnküche und ein____ hübsch____ Bad [6] mit Badewanne. Aber wir haben leider kein____ Dusche [7] und kein____ separat____ WC [8]. Ich habe ein____ ganz nett____ Zimmer [9] mit ein____ klein____ Balkon [10]. Mein____ Zimmer [11] ist 20 m² groß. Auf d____ klein____ [12] Balkon kann man gemütlich sitzen. Hat ein____ Studentin [13] Interesse? Ich vermiete mein____ schön____ Zimmer [14] nur an ein____ Frau [15]. Wie sieht d____ Zimmer [16] aus? Also, ich habe ein____ modern____ Bett [17] aus Metall. Mein____ alt____ Schreibtisch [18] steht zwischen d____ groß____ Fenster [19] und ein____ schwarz____ Bücherregal [20]. Ein ____ groß____ Spiegel [21] hängt zwischen d____ Fenstern [22]. In der Mitte steht ein bequem____ Sessel [23] mit ein____ niedrig____ Couchtisch [24]. Neben d____ groß____ Bett [25] steht ein weiß____ breit____ Kleiderschrank [26]. D____ Einrichtung ist modern____ [27] und d____ Zimmer [28] ist sehr günstig____ [29]. Interessiert? Dann schreib mir ein____ Mail [30]. LG, Silvia

7 Wie schreibt man richtig? – Wörter mit „ö"

a Lesen Sie die Wörter laut und markieren Sie: „ö" spricht man lang (_) bzw. kurz (.)

1. Möbel
2. östlich
3. köstlich
4. schön
5. höflich
6. Wörter
7. Röcke
8. Brötchen
9. Töpfe
10. Lösung

b Welche Wörter schreibt man mit „ö"? Suchen Sie die Wörter und notieren Sie sie.

personlichgroßbrotbrotchenlosgehenlosunggroßerfrohmotorfrohlichwortpersonworterkoffersonnig
kostenkostlichbodensohnesonneblodohrbosesohnkorbtochterrocketonolortonkelschoner

Wörter mit „ö": _persönlich,_ _____

siebenundzwanzig **27**

12 Geldgeschichten

1 Bankgeschäfte – Wortfeld „Bank"

a Finden Sie acht Wörter aus dem Wortfeld „Bank". Notieren Sie sie mit Artikel und Plural.

E	Y	K	R	S	D	G	G	M	P	Q	G	Z	K	V	E	P	Y
C	G	G	I	V	M	D	C	C	U	V	U	K	L	D	L	T	Ü
-	Q	F	M	D	A	U	E	R	A	U	F	T	R	A	G	W	B
K	E	K	I	X	C	D	B	F	E	G	X	I	L	W	L	X	E
A	E	Q	R	C	S	B	C	V	G	T	J	M	V	C	Q	C	R
R	Q	O	N	L	I	N	E	-	B	A	N	K	I	N	G	I	W
T	W	T	J	G	D	P	B	V	Q	G	Z	C	S	I	H	I	E
E	O	G	L	F	A	H	X	D	Y	E	U	X	B	V	V	J	I
I	B	X	O	K	D	C	D	T	X	C	J	S	M	M	K	T	S
L	W	O	C	E	Q	A	I	A	F	G	W	V	J	C	P	X	U
X	Z	V	C	Q	H	G	Y	R	F	G	C	K	Y	E	D	G	N
X	E	U	R	X	V	W	Z	I	N	S	E	N	R	B	J	E	G
R	S	K	O	L	S	Q	L	S	D	F	R	T	K	A	P	G	U
M	G	I	R	O	K	O	N	T	O	B	H	W	H	O	R	D	P
L	V	Z	T	N	V	L	W	T	K	N	O	O	L	V	F	W	U
L	G	C	U	H	G	E	L	D	A	U	T	O	M	A	T	I	D
X	A	S	F	F	U	E	F	W	I	E	X	Y	U	V	V	J	D
K	J	S	F	H	V	Z	E	U	S	P	A	R	K	O	N	T	O

1. die EC-Karte, -n
2. _____
3. _____
4. _____
5. _____
6. _____
7. _____
8. _____

b Verbinden Sie die Wörter aus 1a mit der passenden Erklärung.

1. Wenn man in Geschäften bargeldlos bezahlen will, benutzt man → die/eine EC-Karte
2. Das richtet man ein, wenn man regelmäßig etwas bezahlen muss → _____
3. Dort kann man Geld abheben → _____
4. Das braucht man, wenn man von zu Hause Bankgeschäfte erledigen will → _____
5. Wenn man Geld angelegt hat, bekommt man → _____
6. Wenn man Geld sparen will, braucht man → _____
7. Das macht man, wenn man eine Rechnung bezahlen will → _____
8. Das braucht man für private Bankgeschäfte (Gehalt bekommen, Sachen bezahlen …) → _____

c Welches Verb passt? Kreuzen Sie an.

1. Geld   a. [X] anlegen   b. [ ] anklicken   c. [ ] beraten
2. ein Konto   a. [ ] einzahlen   b. [ ] nehmen   c. [ ] eröffnen
3. Bargeld   a. [ ] vereinbaren   b. [ ] abheben   c. [ ] abgeben
4. die PIN   a. [ ] überweisen   b. [ ] einführen   c. [ ] eingeben
5. die Karte   a. [ ] entnehmen   b. [ ] beenden   c. [ ] erledigen
6. Geld   a. [ ] wählen   b. [ ] auf ein Konto einzahlen   c. [ ] sperren

d Schreiben Sie jeweils vier Komposita mit den Nomen „Bank", „Konto" und „Geld". Geben Sie auch den Artikel und den Plural an.

1. das Bankgeschäft, -e
2. das Girokonto, -konten
3. das Bargeld, kein Pl.

28 achtundzwanzig

e Rui hat ein Bücherregal gekauft. Lesen Sie die Rechnung und füllen Sie für Rui die Überweisung aus.

Möbelmarkt

Rechnung   Kiel, den 27.07.20....

Rechnungsnr. 2024577

Bücherregal, Artikelnr. 765433	345,00 €
Umsatzsteuer 19 %	65,55 €
Gesamt:	**410,55 €**

Sehr geehrter Kunde,

bitte überweisen Sie den Rechnungsbetrag bis 14 Tage nach Rechnungserhalt auf folgendes Konto:

Möbelmarkt, GSK Nordbank
IBAN: DE99 04567120007654321239
BIC MALODE67NOR

Vielen Dank für Ihren Einkauf.

Ihr Verkaufsteam von
Möbelmarkt

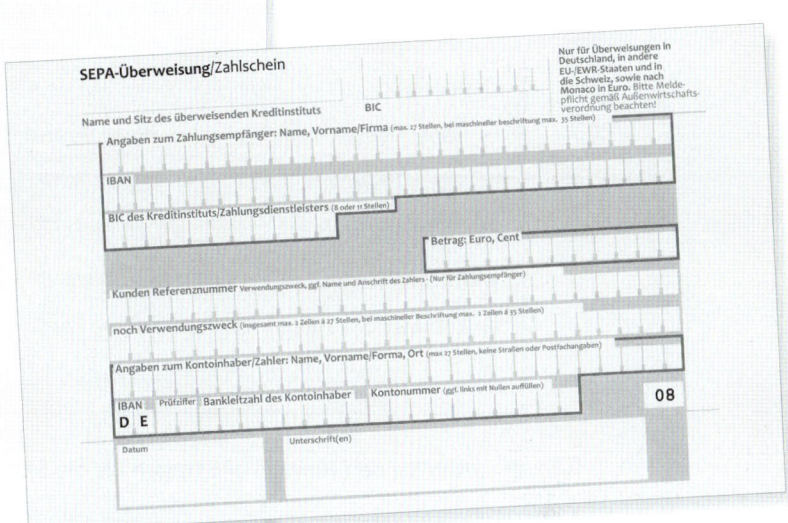

2 Rui braucht Geld – Nebensätze mit „wenn" – „dass" – „weil"

a „Was macht man, wenn …?" Bilden Sie konditionale Nebensätze mit „wenn" und markieren Sie die Bedingung.

1. sich erkundigen – Informationen brauchen
   Wenn man Informationen braucht, erkundigt man sich.
2. eine Überweisung 50 Cent kosten – Überweisungsformular am Schalter abgeben
   _____
3. Zinsen bekommen – Geld anlegen
   _____
4. Online-Banking machen – Gebühren sparen können
   _____
5. sein Konto kontrollieren wollen – „Kontostand" wählen müssen
   _____
6. Bargeld brauchen – es am Geldautomaten abheben können
   _____

b Kreuzen Sie die richtige Antwort und in der Regel an.

1. Man braucht eine Geheimzahl,
   a. ☐ wenn man Online-Banking macht.
   b. ☐ wenn man eine Überweisung am Schalter abgibt.
2. Wenn man Geld anlegt,
   a. ☐ muss man Gebühren bezahlen.
   b. ☐ bekommt man in der Regel Zinsen.

→ Die Bedingung steht   a. ☐ im Nebensatz mit „wenn".   b. ☐ im Hauptsatz.

neunundzwanzig **29**

12

c Was müssen Sie tun, wenn Sie Geld am Geldautomaten abheben wollen? Beschreiben Sie den Vorgang und verwenden Sie Nebensätze.

Karte entnehmen | Betrag wählen | ~~Karte einführen~~ | PIN eingeben | Geld entnehmen

Wenn ich Geld abheben will, muss ich die Karte einführen. ...

d Lesen Sie die E-Mail von Ruis Kollegen und ergänzen Sie „wenn", „weil", „dass".

Lieber Rui,

es freut mich sehr, *dass* [1] es dir in unserer Firma gut gefällt und ich finde es toll, _____ [2] wir in einem Team arbeiten. _____ [3] du Hilfe brauchst, kannst du mich immer fragen. Nächste Woche bin ich nicht im Büro, _____ [4] ich einen Termin in Belgien habe. _____ [5] du Lust hast, können wir diese Woche zusammen zu Mittag essen. Ich habe meiner Frau erzählt, _____ [6] du aus Brasilien kommst. Sie möchte dich und deine Familie gern kennenlernen, _____ [7] Brasilien ihr Traumland ist. Besucht uns doch am Samstag, _____ [8] ihr Zeit habt. LG, Ingo

e Lesen Sie den Hinweis und tragen Sie die Sätze aus 2d in die richtige Tabelle ein.

Der Nebensatz kann vor oder nach dem Hauptsatz stehen. Wenn der Nebensatz vor dem Hauptsatz steht, steht das Verb im Hauptsatz auf Position 1. Der Nebensatz bleibt unverändert.

Hauptsatz → Verb = Position 2	Nebensatz
Es freut mich sehr,	*dass es dir in unserer Firma gut gefällt.*
Ich finde es toll,	

Nebensatz	Hauptsatz → Verb = Position 1
Wenn du Hilfe brauchst,	*kannst du mich immer fragen.*

f Welche Haupt- und Nebensätze passen zusammen? Ordnen Sie zu.

1. Wenn ich Fragen habe,
2. Rui weiß von der Bankangestellten,
3. Dass er online ein Konto eröffnen kann,
4. Rui geht zur Bank,
5. Wenn Sie Geld langfristig anlegen möchten,
6. Benutzen Sie das Online-Terminal,
7. Wenn Rui Geld kurzfristig anlegt,
8. Rui gefällt die Banking-App,

a. ⎵ weil er einige Informationen braucht.
b. ⎵ wenn Sie kostenlos Geld überweisen möchten.
c. ⎵ bekommt er 1,5 % Zinsen.
d. ⎵ dass Online-Kunden eine kostenfreie EC-Karte bekommen.
e. *1* vereinbare ich einen Beratungstermin.
f. ⎵ weil sie ideal für Reisen nach Brasilien ist.
g. ⎵ brauchen Sie ein Festgeldkonto.
h. ⎵ findet Rui sehr praktisch.

g Tauschen Sie die Position von Nebensatz und Hauptsatz in den Sätzen in 2f. Schreiben Sie in Ihr Heft.

1. *Ich vereinbare einen Beratungstermin, wenn ich Fragen habe.*

30 dreißig

3 Das war doch gestern! – Das Präteritum

a Regelmäßige Verben. Schreiben Sie die Verbformen in die Tabelle.

Infinitiv	Präsens	Präteritum	Perfekt
1. fragen (ich)	ich frage	ich fragte	ich habe gefragt
2. antworten (du)			
3. lernen (er)			
4. erleben (wir)			
5. danken (ihr)			
6. nachfragen (sie Pl.)			

b Bilden Sie Sätze im Präteritum wie im Beispiel. Schreiben Sie in Ihr Heft.

1. die Kunden | nachfragen | bei der Bankangestellten
2. ihr | danken | der Buchhändlerin | für die Beratung
3. eine große Überraschung | wir | erleben
4. in der Bibliothek | gestern | lernen | er
5. mir | antworten | du | nicht
6. ich | nach dem Weg | fragen | zur Parfümerie

1. Die Kunden fragten bei der Bankangestellten nach.

c Modalverben: Schreiben Sie die Verbformen in die Tabelle.

	können	dürfen	müssen	wollen	sollen
ich	konnte				
du					solltest
er / es / sie			musste		
wir		durften			
ihr					
sie / Sie				wollten	

d Bilden Sie Sätze wie im Beispiel. Schreiben Sie in Ihr Heft.

1. Rui | gestern | ein Buch | für seinen Bruder | kaufen | sollen
2. er | das Buch | in der Buchhandlung | nicht | finden | können
3. er | zur Information | gehen | müssen
4. die Buchhändlerin | ihm | das Buch | zeigen | können
5. Rui | das Buch | an der Kasse | bezahlen | wollen
6. er | sein Portemonnaie | nicht | finden | können
7. er | das Buch | natürlich | nicht | mitnehmen | dürfen
8. er | am nächsten Tag | zurückkommen | und | das Buch | kaufen | wollen

1. Rui sollte gestern ein Buch für seinen Bruder kaufen.

12

e Unregelmäßige und gemischte Verben: Schreiben Sie die Verbformen in die Tabelle und markieren Sie die Stammvokale.

Infinitiv	Präsens	Präteritum	Perfekt
1. mögen (ich)	ich mag	ich mochte	ich habe gemocht
2. beginnen (du)			
3. sehen (er)			
4. eintreffen (sie, Sg.)			
5. anrufen (wir)			
6. verlieren (ihr)			
7. behalten (er)			
8. wissen (sie, Pl.)			

f Bilden Sie Sätze wie im Beispiel.

1. Rui und seine Frau | in ein paar Geschäfte | gehen
   Rui und seine Frau gingen in ein paar Geschäfte.
2. In der Nähe der Buchhandlung | Rui | sein Portemonnaie | verlieren
3. Er | zurückgehen | und | das Portemonnaie | suchen
4. Aber | Rui | sein Portemonnaie | nicht | finden
5. Auch | in dem Geschäft | niemand | etwas | wissen
6. Dann | Rui | die Polizei | um Hilfe | bitten
7. Er | einen Bericht | für die Polizei | schreiben
8. Am Ende | Rui | sein Portemonnaie | zurückbekommen

g Früher war alles anders. Lesen Sie den Hinweis und bilden Sie Sätze im Präteritum.

ich möchte → Präteritum: ich wollte;
ich mag → Präteritum: ich mochte

Früher …
1. *wollte ich viel Besuch haben.*
2.
3.
4.
5.

Heute …
1. möchte ich wenig Besuch haben.
2. mag ich gesundes Essen.
3. möchte ich Sport treiben.
4. mag ich lange Spaziergänge.
5. möchte ich in die Oper gehen.

4 „Wenn" oder „als"? – Temporale Nebensätze

a Lesen Sie die Sätze und kreuzen Sie in den Regeln an.

1. **Wenn** ein Autor zu einer Lesung **kommt**, gibt es oft ein großes Gedränge.
2. **Wenn** der Krimiautor Weier morgen zur Lesung **kommt**, gibt es bestimmt ein großes Gedränge.
3. **Als** der Autor zur Lesung **kam**, gab es ein großes Gedränge.

1. Nebensätze mit „wenn" beschreiben einen Zeitpunkt
   a. ☐ in der Vergangenheit.
   b. ☐ in der Gegenwart / Zukunft.
2. Nebensätze mit „als" beschreiben einen Zeitpunkt
   a. ☐ in der Vergangenheit.
   b. ☐ in der Gegenwart / Zukunft.

32 zweiunddreißig

b Ergänzen Sie „wenn" oder „als".

1. Rui nimmt viele Geschenke mit, _wenn_ er nach Brasilien fährt.
2. _____ Rui im Büro ist, spricht er immer Deutsch.
3. _____ Rui und seine Frau nach Kiel kamen, wohnten sie zuerst im Hotel.
4. Ruis Frau fragt immer nach, _____ sie etwas nicht versteht.
5. Rui beschrieb den Vorfall, _____ er bei der Polizei war.
6. _____ Rui nach Hause kam, erzählte er seiner Frau alles.

c Schreiben Sie Sätze mit „als".

1. er: ein Kind sein | jeden Tag mit seinen Freunden spielen
   Als er ein Kind war, spielte er jeden Tag mit seinen Freunden.
2. Paola: zum ersten Mal nach Köln kommen | kein Wort verstehen
3. ich: mein Praktikum machen | viele Erfahrungen sammeln
4. Lara und Jens: zum ersten Mal einen Actionfilm sehen | aufgeregt sein
5. ihr: den Job bekommen | glücklich sein
6. wir: in Köln sein | den Dom besichtigen

5 Das gestohlene Portemonnaie – Schriftlich und mündlich über Ereignisse berichten

a Jemand hat Sarahs Portemonnaie gestohlen. Bringen Sie die Information in die richtige Reihenfolge und schreiben Sie für Sarah einen Bericht für die Polizei. Benutzen Sie das Präteritum.

~~letzten Freitag, kurz nach 18 Uhr~~ | großes Gedränge am Hauptbahnhof geben, viele Personen einsteigen | ~~mit Buslinie 34 fahren~~ | 50 Euro, EC-Karte und Studentenausweis im Portemonnaie sein | ein junger Mann mich anrempeln, sich höflich entschuldigen | Universitätsplatz aussteigen müssen | an der Haustür meine Schlüssel aus Rucksack nehmen wollen | merken: mein Rucksack offen und mein Portemonnaie weg sein | er zum Ausgang gehen, nächste Haltestelle aussteigen | sofort bei der Bank anrufen, sie sofort EC-Karte sperren

Letzten Freitag, kurz nach 18 Uhr, fuhr ich mit der Buslinie 34. ...

b Jemand hat Marlenes Rucksack gestohlen. Sie erzählt ihrer Freundin am Telefon von dem Vorfall. Bringen Sie die Informationen in die richtige Reihenfolge. Benutzen Sie das Perfekt.

mein Laptop und mein Portemonnaie mit Führerschein und Personalausweis im Rucksack sein | ich fast hinfallen, mein Handy auf den Boden fallen | ~~letzten Samstag, nachmittags um halb drei~~ | ~~vor dem Kölner Hauptbahnhof stehen, auf eine Freundin warten~~ | viele Menschen vor dem Bahnhof herumlaufen | mein Rucksack neben mir auf dem Boden stehen, ich mit dem Handy telefonieren | ich mein Handy aufheben, dann merken, dass mein Rucksack weg sein | sofort zur Polizei am Hauptbahnhof gehen, eine Anzeige erstatten | plötzlich ein junger Mann zu mir herkommen, mich anrempeln | am Montagmorgen einen neuen Personalausweis und Führerschein beantragen

Letzten Samstag habe ich nachmittags um halb drei vor dem Kölner Hauptbahnhof gestanden und auf eine Freundin gewartet. ...

c Lesen Sie den Zeitungsbericht und beantworten Sie die Fragen. Schreiben Sie in Ihr Heft.

> **Bonn.** Am Montag fanden Polizisten 50 EC- und Kreditkarten und über 100 Handys in einer Wohnung in Bonn Bad Godesberg. Auch die Diebe, zwei Männer und eine Frau, konnten sie festnehmen. Die Polizei meint: „Die Diebe haben die Karten im Gedränge, z. B. in der U-Bahn oder in Geschäften, gestohlen. Das ist oft ganz einfach, denn viele Leute passen nicht gut auf und lassen ihre Taschen offen." Bei der Polizei gibt es immer mehr Diebstahlsanzeigen, besonders nach dem Wochenende. Beim Großeinkauf mit der Familie passiert viel. Die Eltern schauen auf die Kinder und nicht auf das Geld. Auch alte Leute müssen gut aufpassen. Diebe rempeln sie an, stehlen Handtaschen und laufen dann sehr schnell weg. Ein Tipp von der Polizei: „Machen Sie alle Taschen zu und halten Sie sie immer gut fest."

1. Was hat die Polizei gefunden?
2. Wer waren die Diebe?
3. Wo haben die Diebe die Dinge gestohlen?
4. Wann passieren viele Diebstähle?
5. Wer muss besonders gut aufpassen?
6. Was kann helfen?

1. 50 EC- und Kreditkarten und über 100 Handys.

d Welche Reaktion passt? Kreuzen Sie an.

1. Jemand hat Ihr Portemonnaie gestohlen.
   a. ☐ Das ist wirklich langweilig!
   b. ☐ Da bin ich aber froh!
   c. ☒ Das ist wirklich ärgerlich!

2. Sie haben Ihr Portemonnaie in einem Geschäft vergessen.
   a. ☐ Ich habe mir schon große Sorgen gemacht.
   b. ☐ Wie konnte mir so etwas passieren?
   c. ☐ Ich bin so glücklich.

3. Sie berichten der Polizei von dem verschwundenen Portemonnaie.
   a. ☐ So etwas Dummes!
   b. ☐ Da habe ich aber Glück gehabt.
   c. ☐ Was für eine Überraschung!

4. Jemand hat Ihr Portemonnaie im Fundbüro abgegeben.
   a. ☐ Freuen Sie sich?
   b. ☐ Da bin ich aber froh!
   c. ☐ Das ist wirklich interessant.

5. Sie telefonieren mit dem Finder von Ihrem Portemonnaie.
   a. ☐ Möchten Sie mir danken?
   b. ☐ Möchten Sie sich bedanken?
   c. ☐ Wie kann ich Ihnen danken?

6. Sie holen Ihr Portemonnaie mit Inhalt im Fundbüro ab.
   a. ☐ Das ist ja wunderbar!
   b. ☐ Sie haben Glück gehabt!
   c. ☐ Ich habe wirklich Angst.

6 Das Gespräch im Fundbüro

Ordnen Sie den Dialog. Nicht alle Elemente passen.

Tut mir leid, ich habe keinen Pass dabei. | Das ist ja wunderbar! | Meine Bankkarten, Bargeld und Fotos. | Da haben Sie aber Glück gehabt! | Es ist dunkelbraun und hat innen vier Fächer. | Ich bin nicht sicher, wahrscheinlich bei der Buchhandlung Groß. | Zwei Bankkarten, Familienfotos und ein Sparbuch. | Aber natürlich. Ich hatte schon so große Angst. Vielen Dank. | ~~Guten Tag, mein Name ist Rui Andrade. Ich wollte fragen: Hat jemand in den letzten zwei Tagen ein Lederportemonnaie abgegeben?~~ | Es ist dunkelbraun und aus Kunststoff.

1. Rui: *Guten Tag, mein Name ist Rui Andrade. Ich wollte fragen: Hat jemand in den letzten zwei Tagen ein Lederportemonnaie abgegeben?*
   Angestellter: Da muss ich mal nachschauen. Können Sie es genauer beschreiben?
2. Rui: _____
   Angestellter: Und was war der Inhalt?
3. Rui: _____
   Angestellter: Und wo haben Sie es verloren?

4. Rui: _____
Angestellter: Warten Sie kurz. Ich glaube, dass es jemand abgegeben hat.
5. Rui: _____
Angestellter: So, hier ist es. Können Sie mir bitte noch Ihren Pass zeigen?
6. Rui: _____
Angestellter: Gern geschehen.

7 Einen Text strukturieren

Ergänzen Sie im Text die Konnektoren.

danach | dort | weil | als (2x) | dass (2x) | dann | am letzten Mittwoch | zum Glück | denn | aber | gleich

Am letzten Mittwoch [1] war ich im Fundbüro, _____ [2] jemand hatte mein verlorenes Portemonnaie _____ [3] abgegeben, und ich wollte es abholen. _____ [4] ich einen Tag vorher vom Fundbüro einen Anruf erhielt und ein Mitarbeiter mir sagte, _____ [5] sie mein Portemonnaie mit Bargeld, EC-Karte und meinem Ausweis hatten, konnte ich das zuerst gar nicht glauben. In meinem Portemonnaie waren 500 Euro, _____ [6] ich gerade Weihnachtsgeschenke einkaufte, _____ [7] ich es verlor. Ich dachte, _____ [8] sicher jemand das Portemonnaie findet und es behält. _____ [9] der Finder hat es wirklich abgegeben! Ich fuhr _____ [10] zum Fundbüro, und ein Mitarbeiter übergab es mir mit dem ganzen Inhalt. _____ [11] konnte er mir die E-Mail-Adresse des Finders geben. Ich habe ihm _____ [12] geschrieben, und _____ [13] haben wir uns getroffen, und ich habe ihm einen Finderlohn gegeben und mich sehr herzlich bedankt.

8 „Jemand" / „niemand" – „etwas" / „nichts"

a Lesen Sie den Hinweis und schreiben Sie das Gegenteil oder verneinen Sie.

1. Jemand schläft. → *Niemand schläft.*
2. Hast du nichts gegessen? → _____
3. Hat sie etwas gesehen? → _____
4. Er hat jemanden bemerkt. → _____
5. Hat sie niemandem geholfen? → _____

N: jemand ≠ niemand – etwas ≠ nichts
A: jemanden ≠ niemanden – etwas ≠ nichts
D: jemandem ≠ niemandem – etwas ≠ nichts

b Lesen Sie den Tipp und schreiben Sie die Fragen.

1. *Haben Sie jemanden getroffen?* – Ja, ich habe Frau Heinze getroffen.
2. _____? – Ja, ich habe etwas gegessen.
3. _____? – Doch, wir haben etwas vorbereitet.
4. _____? – Ja, ich habe jemanden gesehen.
5. _____? – Doch, ich habe jemanden erreicht.
6. _____? – Doch, das Buch gehört jemandem hier.

Positive Antwort auf:
Positive Frage → Ja.
Z.B. Hilfst du mir? – Ja.
Negative Frage → Doch. Z. B. Hilfst du mir nicht? – Doch.

9 Wie schreibt man richtig? – „-ng" oder „-nk" am Wortende

Ergänzen Sie „-ng" oder „-nk" und lesen Sie die Wörter dann laut.

1. la*ng*
2. die Ba____
3. der Frühli____
4. die Rechnu____
5. der Schra____
6. der Anfa____
7. die Packu____
8. das Gesche____
9. die Buchhandlu____
10. kra____
11. die Überweisu____
12. die Bestechu____

„-ng" und „-nk" kann man leichter unterscheiden, wenn man das Wort verlängert, z. B. „länger", „Bänke", „Rechnungen".

fünfunddreißig **35**

13 Ohne Gesundheit läuft nichts!

1 Ich fühle mich gar nicht wohl

a Gesundheitsbeschwerden – Schreiben Sie die Nomen mit Artikel.

1. (hmrsenozKfcep) *die Kopfschmerzen*
2. (hmaeezsnrHslc) _____
3. (breeFi) _____
4. (chremüRcszkenen) _____
5. (uaRmeh) _____
6. (ItruäEngk) _____
7. (hnshceOrnzerem) _____
8. (suSngarlthföc) _____
9. (rpaumAtl) _____
10. (hMmgensrceeazn) _____
11. (regliAel) _____
12. (estsSr) _____

b Schreiben Sie die Antonyme.

1. krank ≠ *gesund*
2. dick ≠ _____
3. privat ≠ _____
4. stark ≠ _____
5. bequem ≠ _____
6. fern ≠ _____
7. selten ≠ _____
8. der Raucher ≠ _____

2 Wie lange schon? Wie lange noch? – Temporale Nebensätze

a Ergänzen Sie „(seit)dem" oder „bis" in den Temporalsätzen.

1. *Seitdem* Dr. Freund chinesische Medizin anbietet, hat er viele Patienten.
2. Beate ist zu Hause geblieben, _____ sie wieder gesund war.
3. _____ Beate Krankengymnastik macht, hat sie keine Rückenschmerzen mehr.
4. Larissa arbeitet an dem neuen Projekt, _____ sie Feierabend hat.
5. Beates Freunde sind sehr besorgt, _____ sie so starke Schmerzen hat.
6. Dr. Rosmann kann Beate keinen Rat geben, _____ er sie untersucht hat.

b Ergänzen Sie die Präpositionen „seit" und „bis".

1. Beate muss sie _____ Oktober ihre Masterarbeit abgeben.
2. _____ zwei Jahren hat Beate eine neue Krankenkasse.
3. _____ letztem Jahr hat Dr. Freund sehr viele Patienten.
4. Frau Feld hat Sprechstunde _____ 18.30 Uhr.
5. Das neue Ärztehaus gibt es _____ 2 Jahren.
6. Beate ist _____ nächsten Monat krankgeschrieben.

c „Seit(dem)" oder „bis"? Beantworten Sie die Fragen wie im Beispiel.

1. Seit wann ist Veronika krank? (viele Überstunden machen)
   Seit Veronika viele Überstunden macht, ist sie krank. / V. ist krank, seit sie viele Überstunden macht.

2. Bis wann bleibt Arthur im Bett? (kein Fieber mehr haben)
   _____

3. Seit wann hat Ira Magenschmerzen? (unregelmäßig essen)
   _____

4. Seit wann darf Sonja wieder joggen? (nicht mehr krank sein)
   _____

5. Bis wann bleibt Lars in Dänemark? (Sommerferien zu Ende sein)
   _____

6. Bis wann muss Larissa auf einen Termin bei Dr. Freund warten? (Praxis wieder öffnen)
   _____

d Bilden Sie Sätze wie im Beispiel.

1. Beate | Rückenschmerzen | Masterarbeit | schreiben | haben | seitdem | ihre | sie
   Seitdem Beate ihre Masterarbeit schreibt, hat sie Rückenschmerzen.

2. sie | Arzttermin | warten | bekommen | sie | lange | müssen | bis | einen
   _____

3. Beate | Schlafstörungen | können | sich konzentrieren | haben | nicht | seitdem | sie
   _____

4. sein | gesund | Beate | wieder | Sport | machen | dürfen | keinen | sie | bis
   _____

5. Semester | neue | angefangen haben | das | Beate | sein | gestresst | immer | seitdem
   _____

6. fühlen | besser | sich | wieder | Beate | zu Hause | müssen | bleiben | bis | sie
   _____

3 Beim Arzt

Ordnen Sie den Dialog und füllen Sie mit den Informationen den Patientenbogen aus.

Als ich elf war, hatte ich eine Mandeloperation. | Ich habe eine Penicillinallergie. | Ich bin einen Meter fünfundsiebzig und wiege achtundsechzig Kilo. | Meine Oma hat Diabetes und mein Opa Asthma. Sonst weiß ich von nichts. | ~~Guten Tag, ich heiße Laura Schwarz, ich habe um 10 Uhr einen Termin.~~ | Ich esse eigentlich alles, ich trinke nur keine Milch. | Bei der Allianza. | Ja, aber nicht viel, ungefähr fünf Zigaretten pro Woche. | Nein.

1. Laura: *Guten Tag, ich heiße Laura Schwarz, ich habe um 10 Uhr einen Termin.*
   Sprechstundenhilfe: Guten Tag, einen Moment bitte… Ja, 10 Uhr, Laura Schwarz. Ich brauche noch ein paar Informationen von Ihnen. Wo sind Sie versichert?
2. Laura: _____
   Sprechstundenhilfe: Wie groß sind Sie und wie viel wiegen Sie?
3. Laura: _____
   Sprechstundenhilfe: Rauchen Sie?
4. Laura: _____
   Sprechstundenhilfe: Leiden Sie unter Allergien?
5. Laura: _____
   Sprechstundenhilfe: Sind Sie schwanger?
6. Laura: _____
   Sprechstundenhilfe: Wie ernähren Sie sich?
7. Laura: _____
   Sprechstundenhilfe: Gibt es irgendwelche Vorerkrankungen oder Erkrankungen in der Familie?
8. Laura: _____
   Sprechstundenhilfe: Hatten Sie schon einmal eine Operation?
9. Laura: _____
   Sprechstundenhilfe: Vielen Dank, Frau Schwarz, bitte nehmen Sie noch kurz im Wartezimmer Platz.

Patientenbogen

Name: _____ Größe: _____ Gewicht: _____

Geschlecht: ☐ männlich ☐ weiblich   Schwangerschaft: ☐ ja ☐ nein

Vegetarier: ☐ ja ☐ nein   Raucher: ☐ ja ☐ nein

Allergien: _____ Krankenkasse: _____

Vorerkrankungen: _____ Operationen: _____

Familienerkrankungen: _____

siebenunddreißig **37**

4 Kann ich oder darf ich? – Modalverben: Formen und Bedeutung

a Welche Bedeutung hat „können"? Schreiben Sie E (= Erlaubnis), M (= Möglichkeit) oder F (= Fähigkeit).

1. _E_ Du kannst hier rauchen; das ist unser Raucherzimmer.
2. ___ Sie kann heute nicht kommen, sie muss arbeiten.
3. ___ Er kann nicht lange arbeiten, er fühlt sich noch so schlecht.
4. ___ Ihr könnt die Musik nicht so laut hören.
5. ___ Er kann gut zuhören.
6. ___ Du kannst sie im Krankenhaus besuchen, hat der Arzt gesagt.

b „können" und „dürfen". Ergänzen Sie die Formen. Manchmal sind mehrere Antworten möglich.

1. Sie _dürfen_ nicht lange stehen, sie sind noch nicht gesund.
2. Ich bin noch krank, ich _____ noch nicht arbeiten.
3. Du hast doch Magenschmerzen. Du _____ keinen Kuchen essen.
4. Wir _____ Andrea morgen im Krankenhaus besuchen.
5. Es geht ihm schon wieder besser. Der Arzt sagt, er _____ aufstehen.
6. Ihr _____ nicht zu Dr. Hofer gehen. Er hat am Freitagnachmittag keine Sprechstunde.

c Lesen Sie den Hinweis. Welche Bedeutung hat „sollen" hier?

Bedeutung von „sollen":
1. „eine dritte Person" hat etwas gesagt, etwas vorgeschlagen, eine Anweisung gegeben, z.B. Mein Arzt hat gesagt, ich soll nicht mehr rauchen.
2. Anweisung aus einer Regel / einem Gesetz, z. B. Eine medizinische Regel sagt, man soll im Sommer viel trinken.

1. Du sollst nicht stehlen. → Bedeutung _2_
2. Man soll viel Obst essen. → Bedeutung ___
3. Wir sollen morgen unsere Wörterbücher mitbringen. → Bedeutung ___
4. Du sollst nicht rauchen, wenn du Halsschmerzen hast. → Bedeutung ___
5. Die Studenten sollen morgen ein Referat halten. → Bedeutung ___
6. Die Reisenden sollen im Zug ihre Handys leise stellen. → Bedeutung ___

d „nicht brauchen zu …" / „kein brauchen zu …". Jutta ist krank. Schreiben Sie Sätze wie im Beispiel in Ihr Heft.

1. Diät machen
2. zum Zumbakurs gehen
3. Präsentation vorbereiten
4. Seminare besuchen
5. sich mit den Kommilitonen treffen
6. Abendessen kochen
7. für ihre Oma einkaufen
8. ihren Bruder abholen

1. Jutta braucht keine Diät zu machen.

e Schreiben Sie die Sätze mit „(nicht) müssen" und „(nicht) brauchen … zu" wie im Beispiel in Ihr Heft.

1. ich | nächsten Mittwoch | zum Zahnarzt | gehen | müssen
2. Sie | als Kassenpatient | nichts | bezahlen | müssen
3. bei Dr. Rosmann | die Patienten | nicht | sich anmelden | brauchen
4. für die Krankengymnastik | Sie | bei Frau Feld | einen Termin | vereinbaren | müssen
5. Sie | für die Halstabletten | kein Rezept | abgeben | brauchen

1. Ich muss nächsten Mittwoch zum Zahnarzt gehen.

---

1. Nomen → Negation mit „kein": Ich habe keine Zeit.
2. Verben → Negation mit „nicht": Ich komme heute nicht.
Vgl. Lektion 2

Die Bedeutung von „nicht müssen" und „nicht brauchen zu …" / „kein … brauchen zu …" ist gleich. Bei trennbaren Verben steht „zu" nach der trennbaren Vorsilbe: Du brauchst nicht aufzustehen.

f Ergänzen Sie „können", „dürfen", „müssen", „sollen" und „nicht brauchen … zu".

Dr. Hofer: Also, Frau Scheidt, Sie sind nicht sehr krank, aber Sie arbeiten zu viel und Sie haben zu viel Stress. Daher kommen Ihre Schmerzen. Sie _müssen_ [1] sich unbedingt ausruhen.
Beate: Aber das geht doch nicht, ich _____ [2] doch meine Masterarbeit schreiben.
Dr. Hofer: Sie _____ [3] aber auch an Ihre Gesundheit denken. Sie _____ [4] jetzt nicht arbeiten, Sie _____ [5] sich erholen! Ich schreibe Sie für zwei Wochen krank.
Beate: Und was _____ [6] ich tun?
Dr. Hofer: Gehen Sie jeden Tag ein bisschen spazieren und schlafen Sie viel.
Beate: Und wie ist es mit meinem Magen? _____ [7] ich eine Diät einhalten?
Dr. Hofer: Nein, Sie _____ [8a] keine Diät _____ halten [8b]. Sie _____ [9] ganz normal essen.

g Beate postet eine neue Nachricht für ihre Freunde. Schreiben Sie Sätze im Perfekt und Präsens.

~~ihr mir sehr helfen mit euren Ratschlägen~~ | zu Dr. Hofer gehen | von allen Schmerzen erzählen | er sehr nett sein | er sagen, dass ausruhen sollen | nicht arbeiten dürfen | jeden Tag spazieren gehen und viel schlafen sollen | keine Diät einhalten brauchen | alle drei bis vier Stunden kleine Portionen essen sollen | mich für zwei Wochen krankschreiben | mir ein pflanzliches Mittel für den Magen und Krankengymnastik verschreiben | schon einen Termin bei einer Physiotherapeutin machen | mich heute schon viel besser fühlen ☺

Ihr habt mir sehr geholfen mit euren Ratschlägen …

h Was passt? Kreuzen Sie an.

1. Ich habe starke Halsschmerzen.
   a. ☐ Sie müssen nicht rauchen.
   b. ☐ Sie brauchen nicht zu rauchen.
   c. ☒ Sie dürfen nicht rauchen.

2. Mein Rücken tut sehr weh.
   a. ☐ Sie brauchen keine Krankengymnastik zu machen.
   b. ☐ Sie müssen Krankengymnastik machen.
   c. ☐ Sie dürfen Krankengymnastik machen.

3. Ich esse morgens nie etwas.
   a. ☐ Sie dürfen frühstücken.
   b. ☐ Sie können frühstücken.
   c. ☐ Sie sollten frühstücken.

4. Darf ich wieder joggen?
   a. ☐ Sie dürfen nicht zu viel laufen.
   b. ☐ Sie müssen nicht zu viel laufen.
   c. ☐ Sie brauchen nicht zu viel zu laufen.

5. Bin ich wieder gesund?
   a. ☐ Ja, Sie müssen nicht mehr im Bett bleiben.
   b. ☐ Ja, Sie können nicht mehr im Bett bleiben.
   c. ☐ Ja, Sie dürfen nicht mehr im Bett bleiben.

6. Muss ich noch Medikamente nehmen?
   a. ☐ Nein, Sie dürfen keine Medikamente mehr nehmen.
   b. ☐ Nein, Sie brauchen keine Medikamente mehr zu nehmen.
   c. ☐ Nein, Sie können keine Medikamente mehr nehmen.

13

5 Das neue Medikament – Wortfeld „Beipackzettel"

a Wie heißen die 7 Wörter? Geben Sie Artikel und Plural an. Schreiben Sie in Ihr Heft

B 5

~~Anwen-~~ | Bei- | Dosie- | ~~-gebiet~~ | -kehrs- | -keit | -ment | Medika- | Neben- | -pack- | -schaft | Schwanger- | -tüchtig- | Ver- | -rung | ~~-dungs-~~ | -wir- | -zettel | -kung

das Anwendungsgebiet, -e

b Geben Sie eine Definition.

1. der Beipackzettel: *Er gibt Informationen über ein Medikament und seine Anwendung.*
2. die Nebenwirkung: _____
3. die Verkehrstüchtigkeit: _____
4. die Schwangerschaft: _____

c Was passt nicht? Kreuzen Sie an.

1. a. ☐ Hustensaft   b. ☐ Medikament   c. ☒ Hörgerät
2. a. ☐ Virus   b. ☐ Tropfen   c. ☐ Tabletten
3. a. ☐ Arzthelferin   b. ☐ Chirurgin   c. ☐ Internistin
4. a. ☐ Beschwerden   b. ☐ Erkrankung   c. ☐ Dosierung
5. a. ☐ Patient   b. ☐ Spezialist   c. ☐ Kranker
6. a. ☐ verordnen   b. ☐ überweisen   c. ☐ verschreiben

d Finden Sie andere Ausdrücke für die unterstrichenen Wörter.

1. Er soll täglich walken. → *jeden Tag*
2. Sie soll die Tabletten um 7 Uhr, um 12 Uhr, um 17 Uhr, um 22 Uhr nehmen. → _____
3. Die Ärztin hat montags, mittwochs und freitags Sprechstunde. → _____
4. Es ist gut gegen Erkältung, wenn man jede Woche in die Sauna geht. → _____
5. Beate soll in 14 Tagen zur Ärztin gehen. → _____

6 Viele Gründe – Kausale Verbindungsadverbien

a Schreiben Sie die Sätze mit „denn" in die Tabelle. Markieren Sie den Grund.

1. Beate ist sehr müde. Sie hat zu viel Stress.
2. Larissa schreibt eine E-Mail. Sie möchte einer Kollegin Informationen geben.
3. Leni hat Beate Dr. Freund empfohlen. Er ist sehr gut.
4. Beate soll viel Sport treiben. Sie geht oft walken.

	Position 0	Position 1	Position 2	Satzende
1. Beate ist sehr müde,	denn	sie	hat	zu viel Stress.
2.				
3.				
4.				

b Schreiben Sie die Sätze in 6a mit „weil" in die Tabelle. Markieren Sie den Grund.

C 2

	Position 0	Position 1	Position 2	Satzende
1. Beate ist sehr müde,		weil	sie	zu viel Stress	hat.
2.					
3.					
4.					

c Schreiben Sie die Sätze mit „darum", „deshalb", „daher", „deswegen" in die Tabelle. Markieren Sie den Grund. Wo steht was? Kreuzen Sie in der Regel an.

	Position 0	Position 1	Position 2		Satzende
1. Beate hat zu viel Stress.		Deshalb	ist	sie sehr müde.	
2.					
3.					
4.					

„darum", „deshalb", „daher", „deswegen" stehen a. ☐ auf Position 1 eines Hauptsatzes.
 b. ☐ auf Position 1 eines Nebensatzes.

d „Warum?", „Weshalb?", „Aus welchem Grund?" Antworten Sie wie im Beispiel.

1. Weshalb durfte Wilhelm Conrad Röntgen nicht an einer traditionellen Universität studieren? (er machte kein Abitur)
   Wilhelm Conrad Röntgen machte kein Abitur. Deshalb durfte er nicht an einer traditionellen Universität studieren.

2. Weshalb nannte Röntgen die neue Strahlung „X-Strahlung"? (das „X" steht in der Mathematik für etwas Unbekanntes)

3. Warum begann Röntgen schließlich ein Physikstudium? (er interessierte sich auch für Experimentalphysik)

4. Aus welchem Grund weiß man heute wenig über Röntgen? (er war ein sehr verschlossener Mensch)

e Ergänzen Sie „denn", „weil" oder „daher".

1. Irina hat keine Zeit für regelmäßigen Sport, _weil_ sie sehr viel arbeiten muss.
2. _____ sie Rückenschmerzen hat, sucht Irina einen Physiotherapeuten.
3. Die Schmerzen gehen nicht weg. _____ nimmt Irina ein Medikament.
4. Sie liest den Beipackzettel zweimal, _____ sie hat sich nicht alles gemerkt.
5. Die Behandlung bei Frau Feld ist gut, _____ sie ist eine tolle Orthopädin.
6. Frau Feld nimmt sich viel Zeit für ihre Patienten. _____ ist sie bei ihnen sehr beliebt.

f Bilden Sie ein oder zwei Sätze aus den Vorgaben. Schreiben Sie in Ihr Heft.

1. essen | Fleisch | kein | sein | Vegetarier | weil | ich | ich
2. viel | essen | Obst | ich | möchten | ernähren | gesund | mich | ich | deshalb
3. Zigaretten | der Gesundheit | schaden | rauchen | nicht | ich | denn
4. er | müssen | gehen | zum Arzt | sein | krank | er | deshalb
5. weil | einnehmen | du | ein Medikament | haben | Magenschmerzen | du
6. brauchen | der Arzt | Informationen | müssen | ausfüllen | einen Patientenbogen | die Patienten | denn

1. Ich esse kein Fleisch, weil ich Vegetarier bin.

13

7 Kennen Sie Ihren Körper? – Wortfeld „Körper"

a Wie heißen die Körperteile? Trennen Sie die Wörter richtig und schreiben Sie die Nomen mit Artikel und Plural.

MAGENOH RFING ER DARMLU NGEAU GENA SERÜCK ENARMUN TERS CHEN KELHALSS CHULTERB RUSTPO ZEHO BERSC HENKELNA CKEN MUNDKOP FHERZBAUC HKNI EBEINAD ERKNOCH ENMUSKEL

der Magen, die Mägen, _____

_____

_____

_____

b Ergänzen Sie die Wörter im Schüttelkasten.

Bein | ~~Kopf~~ | Hand | Ohren | Knochen | Augen | Rücken | Hals | Zehen | Magen

1. Ich bin erkältet: Mein _Kopf_ und mein _____ tun weh.
2. Ich habe zu viel gegessen. Jetzt tut mein _____ weh.
3. Gestern war ich in der Disko. Die Musik war sehr laut. Heute tun meine _____ weh.
4. Ich kann nicht mehr sehen, was an der Tafel steht. Ich muss zum _____arzt gehen.
5. Gestern habe ich schwere Kartons getragen. Heute tut mein _____ weh.
6. Ich bin beim Skifahren gestürzt und habe mir das _____ gebrochen.
7. Die neuen Schuhe sind zu klein. Jetzt tun mir die _____ weh.
8. Der Orthopäde hat gesagt, ich soll mehr Milchprodukte essen, weil sie Kalzium enthalten. Das ist gut für die _____.
9. Ich muss mit links schreiben, weil ich mir die _____ gebrochen habe.

8 Wilhelm Conrad Röntgen – Eine Biografie rekonstruieren

a Lesen Sie die Abschnitte und bringen Sie Röntgens Biografie in die richtige Reihenfolge.

Markieren Sie die Daten. Sie helfen beim Ordnen.

☐ Er lehrte bis 1879 Physik in Straßburg und von 1888 bis 1900 Experimentalphysik an der Universität Würzburg. Der deutsche Physiker entdeckte 1895 am Physikalischen Institut von der Universität Würzburg die Röntgenstrahlen. Seine Entdeckung revolutionierte die medizinische Diagnostik.

☐ Der deutsche Physiker Wilhelm Conrad Röntgen wurde am 27. März 1845 in Remscheid-Lennep geboren. Als er drei Jahre alt war, zog er mit seinen Eltern in die Niederlande um. Er war ein sehr guter Schüler und interessierte sich sehr für Technik,

☐ Im Jahr 1900 zog Röntgen nach München um und leitete das Institut für Experimentelle Physik an der Universität. 1901 bekam er für die Entdeckung von den Röntgenstrahlen den ersten Nobelpreis für Physik. Wilhelm Conrad Röntgen starb am 10. Februar 1923 in München.

☐ deshalb studierte er ab 1865 in Zürich Maschinenbau. Später studierte er Experimentalphysik, und in den Jahren 1871 und 1872 assistierte er dem bekannten Physiker August Kundt. Zusammen mit ihm ging er an die Universitäten Straßburg und Würzburg.

b Notieren Sie Redemittel für eine wissenschaftliche Biografie aus 8a.

Der deutsche Physiker ... wurde am ... in ... geboren. Er war ein sehr guter Schüler und interessierte sich sehr für ...

42 zweiundvierzig

c Schreiben Sie die Biografie von Marie Curie.

am 7. November 1867 in Warschau geboren | sehr gute Schülerin, interessierte sich sehr für Physik und Anatomie | studierte ab 1891 Physik und Mathematik an der Sorbonne in Paris | 1894 Doktorandin des Physik-professors Antoine Henri Becquerel werden | 1896 zwei bisher unbekannte Elemente entdecken: Radium und Polonium, Strahlung „radioaktiv" nennen | 1900 Physik an der *École Normale Supérieure* für Mädchen in Sèvres unterrichten | 1903 gemeinsam mit Becquerel und ihrem Mann Pierre Curie den Nobelpreis für Physik erhalten | 1908 Professur für Physik an der Sorbonne erhalten | 1911 Nobelpreis für Chemie für die Isolierung des Elements Radium bekommen | 1914 Leiterin des Radium-Instituts an der Pariser Universität werden | Von 1918 bis 1927 das Institut zu einem Zentrum der Nuklearphysik ausbauen, international Vorlesungen halten | 4. Juli 1934 in Sancellemoz (Savoyen) an Leukämie sterben, die Krankheit eine Folge von ihren hochdosierten und langjährigen Kontakten mit radioaktiven Elementen sein

Marie Curie wurde am 7. November 1867 in Warschau geboren.

9 Wie schreibt man richtig? – Pluralformen ohne und mit Umlaut „ü"

Schreiben Sie den Plural in die richtige Spalte.

die Brust | der Fuß | der Mund | das Buch | der Hund | die Frucht | der Sturm | der Fluss | der Wunsch | der Fund | das Tuch | der Klub | der Gruß | die Nuss | der Ruf | der Turm | der Schuh | der Flug | der Wurm | der Bus | der Sprung | die Luft | der Zug | der Hut | der Schluss

Lernen Sie Nomen immer mit Artikel und Pluralform.

Plural mit „u"

Plural mit „ü"

Brüste

14 Griasdi in München

1 Es gibt kein schlechtes Wetter

a Lesen Sie die Nomen und ergänzen Sie die passenden Ausdrücke.

1. die Hitze → Es ist *heiß.*
2. die Sonne → Es ist _____
3. die Wärme → Es ist _____
4. die Kälte → Es ist _____
5. die Wolke → Es ist _____
6. der Nebel → Es ist _____
7. der Sturm → Es _____
8. der Hagel → Es _____
9. der Donner → Es _____
10. der Blitz → Es _____
11. der Regen → Es _____
12. der Schnee → Es _____

b Wie ist das Wetter in den Städten? Kreuzen Sie an.

Köln:
Heute Morgen ist es grau und es bleibt stark bewölkt bei Temperaturen um 0 Grad. Im weiteren Tagesverlauf erreichen die Temperaturen 5 Grad. Am Nachmittag fällt leichter Regen. In der Nacht sinken die Temperaturen unter den Gefrierpunkt. Vorsicht Glatteis!

München:
Es bleibt winterlich: Am Vormittag ist es neblig bei Temperaturen um 2 Grad. Gegen Mittag klart es sich auf. Im Laufe des Nachmittags steigen die Temperaturen auf 5 Grad. Am Abend ist es wieder stark bewölkt und in der Nacht kann vereinzelt Schnee fallen bei Tiefsttemperaturen um 1 Grad.

Hamburg:
In Hamburg gibt es heute einen wolkenlosen Himmel mit viel Sonnenschein. Die Temperaturen erreichen 8 Grad. Es weht ein starker Wind aus Nordwest. Auch in der Nacht bleiben die Temperaturen mit 3 Grad über dem Gefrierpunkt, aber man muss mit starken Sturmböen rechnen.

Berlin:
In der Hauptstadt ist es am frühen Morgen bewölkt bei Temperaturen von 3 Grad. Gegen Mittag regnet es leicht. Am Nachmittag und in den frühen Abendstunden geht der Regen in Schnee über. In der Nacht ist mit starkem Schneefall und Frost zu rechnen. Die Temperaturen sinken in den Abendstunden auf 0 Grad, in der Nacht auf – 3 Grad. Auf den Straßen kann es glatt werden.

	Es ist sonnig.	Es regnet.	Es schneit.	Es ist windig.	Es friert.
Köln	☐	X	☐	☐	X
München	☐	☐	☐	☐	☐
Hamburg	☐	☐	☐	☐	☐
Berlin	☐	☐	☐	☐	☐

2 Über Geschmack lässt sich (nicht) streiten

a Lesen Sie die Adjektive und suchen Sie das Gegenteil. Arbeiten Sie bei Bedarf mit dem Wörterbuch.

~~kalt~~ | teuer | traurig | stark | groß | getrennt | voll | einfach | früh | lang | alt | arm | krank | laut | bunt | schmal | nass | hässlich | eng | böse | scheußlich | fremd | gebraucht | niedrig | richtig | positiv | riesig | schlecht | langweilig

kalt ≠ warm, _____

Lernen Sie Adjektive mit ihrem Gegenteil (Antonym).

b Bilden Sie zu 15 Adjektiven aus 2a ein passendes Nomen. Arbeiten Sie mit dem Wörterbuch.

die Kälte, _____

_____

c Adjektiv + „zu". Ergänzen Sie die Sätze mit passenden Adjektiven aus 2a.
1. Heute ist es für einen Oktobertag nicht warm, sondern es ist viel _zu kalt._ _____
2. Wollen wir wandern? Nein, es regnet. Für eine Wanderung ist es mir _____
3. Wollen wir in der Stadt shoppen? Gute Idee. Mir ist es zu Hause gerade _____
4. Der Mantel kostet über 200 Euro. Das ist mir viel _____
5. Die Jacke muss nicht einfarbig sein, aber diese hier ist mir _____
6. Der Rock ist überhaupt nicht weit, im Gegenteil, er ist mir viel _____

d Was passt? Kreuzen Sie das richtige Wort an.

1. wasserfest   a. ☒ die Kamera   b. ☐ die Tasse   c. ☐ der Tisch
2. ausgewaschen   a. ☐ die Waschmaschine b. ☐ die Seife   c. ☐ die Kleidung
3. zerkratzt   a. ☐ die Brille   b. ☐ der Kragen   c. ☐ der Wintermantel
4. langärmlig   a. ☐ das Hemd   b. ☐ die Hose   c. ☐ der Anzug
5. bunt   a. ☐ die Verkäuferin   b. ☐ die Kleidung   c. ☐ der Goldschmuck
6. gebügelt   a. ☐ die Haare   b. ☐ die Stöckelschuhe c. ☐ die Bluse

e Wie kleiden Sie sich am liebsten? Tragen Sie an der Uni andere Kleidung als in Ihrer Freizeit?

_____

_____

_____

f Lesen Sie die Mail und schreiben Sie die passenden Adjektive in der richtigen Form.

> Liebe Lisa,
> gestern war ich einkaufen. Die neue Herbstmode finde ich sehr (schick/kalt) _schick_ [1]. Ich habe mir eine (warm/modern) _____ [2] Hose gekauft, weil hier in München der Winter doch so (kurz/kalt) _____ [3] ist. Dann habe ich noch einen (dick/unpraktisch) _____ [4] Pullover mit Rollkragen für kalte Tage gefunden, aber leider war er zu (cool/teuer) _____ [5]. Die (dick/leicht) _____ [6] Jacken haben mir nicht so gut gefallen, denn sie waren sehr (altmodisch/bequem) _____ [7]. Oder soll ich lieber einen (praktisch/unbequem) _____ [8] Daunenmantel nehmen? Komm doch am Samstag mit zum Einkaufen und berate mich. Hast du Lust?
> Liebe Grüße, Elena

g Beantworten Sie für Lisa die Mail in 2f. Verwenden Sie folgende Punkte und denken Sie an die Grußformel am Schluss.

~~Samstag: ja~~ | neues Einkaufszentrum: viele Sonderangebote geben | neue Daunenjacke suchen | Hosen nicht kaufen – lieber Röcke | Pullover mit Rollkragen unpraktisch finden – besser Schal | bald schlechtes Wetter: Regenjacke brauchen? | Am Abend ins Kino gehen: Lust?

Liebe Elena,
ja, ich habe am Samstag Zeit zum Shoppen. _____

_____

_____

_____

_____

14

Wörter mit „a", „o", „u", „au" haben im Diminutiv meist einen Umlaut. Z. B. das Rad, das Rädchen; der Hut, das Hütchen; das Wort, das Wörtchen; das Haus, das Häuschen.

3 Machen Sie die Dinge klein! – Der Diminutiv

a Schreiben Sie die Adjektive und die Nomen im Diminutiv wie im Beispiel.

1. die Bluse, gelb geblümt → *das gelb geblümte Blüschen*
2. das Kleid, lila → _____
3. die Handtasche, dunkelbraun → _____
4. der Mantel, schwarz → _____
5. der Rock, rot kariert → _____
6. das Hemd, blau gestreift → _____
7. die Jacke, dunkelgrau → _____
8. der Pullover, grün gestreift → _____

b Formulieren Sie die unterstrichenen Wörter mit „-chen" oder „-lein" und achten Sie auf die richtigen Artikel, Pronomen und Adjektivendungen.

1. Wie gefällt dir denn meine neue Jacke? → *Wie gefällt dir denn mein neues Jäckchen?*
2. Das ist aber ein süßer Mantel! → _____
3. Pia trägt sehr gerne einen kurzen Rock. → _____
4. Ich hätte so gerne eine elegante Bluse! → _____
5. Wie findest du das schicke schwarze Kleid? → _____
6. In dem Geschäft gibt es hübsche Taschen. → _____
7. Wo hast du denn die lila Schuhe gekauft? → _____
8. Der karierte Blazer steht dir sehr gut! → _____

4 „Welcher Rock?" – „Dieser Rock!" – Fragen und zeigen mit Artikelwörtern

a Welche Antwort passt zu der Frage? Schreiben Sie.

1. Welcher Mantel gefällt dir? — *Dieser* _____ Mantel mit Gürtel.
2. Welche Jacke findest du gut? — _____ Jacke aus Wolle.
3. Welches Kleid magst du? — _____ Kleid aus Seide.
4. Welchen Pulli kaufst du? — _____ Pulli in Schwarz.
5. Zu welcher Hose passt er? — Zu _____ Hose in Grau.
6. Zu welchem Rock passt er? — Zu _____ karierten Rock.
7. Welche Blusen sind billig? — _____ Baumwollblusen.
8. Welches Hemd ist schöner? — _____ gestreifte Hemd.

b Lesen Sie das Einkaufsgespräch zwischen Lara und Maria. Ergänzen Sie die Endungen.

Lara: Ich suche einen Rock zu meiner blauen Bluse. *Welchen* [1] soll ich nehmen?

Maria: Wie findest du dies____ [2] karierten Rock hier?

Lara: Dies____ [3] karierten mit den Knöpfen?

Maria: Ja.

Lara: Den finde ich nicht besonders. Aber dies____ [4] Rock hier gefällt mir sehr gut.

Maria: Welch____ [5] Rock meinst du genau?

Lara: Ich meine dies____ [6] blauen Rock mit dem schmalen Gürtel.

Maria: Ja, der sieht schick aus. Aber schau mal, dies____ [7] Modell ist auch klasse.

Lara: Welch____ [8] Modell meinst du?

Maria: Dies____ [9] hier aus Seide ist wirklich sehr elegant. Und dies____ [10] Bluse hier.

Lara: Welch____ [11] Bluse?

Maria: Schau, dies____ [12] Bluse da aus Seide. Sie passt sehr gut zu dies____ [13] Rock.

Lara: Zu welch____ [14] Rock?

Maria: Na, zu dies____ [15] Rock aus Seide hier.

Lara: Ach ja, das passt perfekt. Ich glaube, ich nehme dies____ [16] Rock und dies____ [17] Bluse. Jetzt brauche ich aber immer noch zu meiner blauen Bluse einen Rock. Gibt es noch mehr von dies____ [18] Röcken?

46 sechsundvierzig

c Ergänzen Sie den Dialog. Nicht alle Sätze passen.

Wieviel kostet die andere Jacke? | Ich nehme sie. Kann ich auch mit Karte bezahlen? | Ich nehme die Jacke in Größe 40. | Diese Jacke mit dem Gürtel ist sehr schön. Kann ich sie anprobieren? | Ich habe Größe 40. | Diese hellbraune Jacke gefällt mir gut. | Sie passt mir perfekt. Was kostet sie denn? | Vielen Dank.

Verkäuferin: Kann ich Ihnen helfen?
Kundin: *Ja bitte, ich suche eine braune Lederjacke.*
Verkäuferin: Welche Größe haben Sie?
Kundin: _____
Verkäuferin: Die Modelle in Größe 40 haben wir hier.
Kundin: _____
Verkäuferin: Natürlich. Da vorne hängt ein Spiegel. Passt die Jacke Ihnen?
Kundin: _____
Verkäuferin: Sie kostet 199 Euro. Das ist ein Eröffnungsangebot.
Kundin: _____
Verkäuferin: Aber sicher. Die Kasse ist da vorne.
Kundin: _____
Verkäuferin: Nichts zu danken.

5 „Welchen?" – „Diesen!" – Fragen und zeigen mit Pronomen

a Lesen Sie die Fragen und ordnen Sie die Antworten zu. Was fällt auf? Kreuzen Sie in der Regel an.

1. Wie findest du das T-Shirt?
2. Zu welchem Pullover passt die Hose?
3. Welchen meinst du?
4. Und wie findest du diesen?
5. Haben Sie auch Schals?
6. Bei dieser Jacke fehlt ein Knopf.
7. Schau mal die Kleider hier. Welches gefällt dir?
8. Welche Handtaschen sind im Angebot?

a. ☐ Den finde ich nicht so schön.
b. ☐ Ich meine diesen hier aus Wolle.
c. ☐ Zu diesem hier.
d. ☑ *1* Welches? Das blaue oder das grüne?
e. ☐ Bei welcher?
f. ☐ Die hier.
g. ☐ Ja, wir haben welche.
h. ☐ Das da in Rot.

1. Die Artikelwörter „welch-", „dies-" und „der / das / die" stehen   a. ☐ vor einem   b. ☐ für ein Nomen.
2. Die Pronomen „welch-", „dies-" und „der / das / die" stehen   a. ☐ vor einem   b. ☐ für ein Nomen.

b Schreiben Sie mit den Wörtern im Schüttelkasten weitere Dialoge wie im Beispiel in Ihr Heft und markieren Sie die Artikel und Pronomen.

~~Buch – sehr interessant~~ | Auto – unpraktisch | Gürtel – sehr schick | Café – ziemlich altmodisch | Handschuhe – elegant | Kommode – zu breit | Computer – zu teuer

○ *Wie findest du das Buch?*
○ *Nein, das da.*

● *Welches denn? Dieses hier?*
● *Das finde ich sehr interessant.*

6 Feste in München

a Markieren Sie die Fehler im Text über den Kocherlball und korrigieren Sie sie. Schreiben Sie in Ihr Heft.

Ab 1800 kamen im Sommer jeden zweiten Sonntag eine große Zahl von Hausangestellten zur Theresienwiese in München. Etwa 5000 Köche, Kindermädchen, Hausdiener und Bürgermeister trafen sich dort am Vormittag und tanzten. Nach dem Tanz feierten sie am Chinesischen Turm weiter. Der Kocherlball existierte nur bis zum Anfang vom 19. Jahrhundert. Danach fand er nicht mehr statt, weil es keine Hausangestellten und keine Besucher mehr gab. Aber 1989 führte man ihn wieder ein. Jetzt ist der Kocherlball ein schönes Fest für junge Leute. Alle tragen Dirndl und Lederhosen und treffen sich an drei Sonntagen im Juli zum Feiern.

siebenundvierzig   **47**

14

b Was wissen Sie über das Oktoberfest? Schreiben Sie einen kleinen Text und verwenden Sie die Anregungen aus dem Bild.

Das Oktoberfest ist ein Fest in ...

_____
_____
_____
_____
_____
_____

c Welche 5 Wörter passen nicht zum Thema „Oktoberfest"? Streichen Sie sie.

Brathendl | Bürgermeister | ~~Englischer Garten~~ | September | Karussell | Schaukel | Küchenpersonal | Riesenrad | Volksfest | Etikett | Wiese | Bierfass | Zelt | Umsatz | Kleidergröße | Schausteller | Gastwirt | Besucher | Tausch | Feierlichkeit

d Ergänzen Sie die Wortteile.

Das Oktoberfest hat sich zu einem riesigen Volksfest entwickelt. Je*des* [1] Jahr kom_____ [2] ca. 6 Mio. Besucher. Viele G_____ [3] kommen auch a_____ [4] dem Ausland. Das Fe_____ [5] hat ein_____ [6] große wirt_____ [7] Bedeutung für die Stadt München. Es bri_____ [8] einen Um_____ [9] von ca. 800 Mio. Euro.
Heutzutage gibt es kein Pferderennen mehr, aber viele Möglichkeiten zur Unterhaltung. Es g_____ [10] zum Beispiel Schaukeln, Karussells und zahl_____ [11] Buden mit ver_____ [12] Angeboten zum Essen, Trinken und Spi_____ [13] . Und e_____ [14] entstanden große Bier_____ [15] für Tausende von Be_____ [16] .

7 Jeder hat schon alles – Indefinitartikel und -pronomen

a Lesen Sie die Sätze und ergänzen Sie die Indefinitartikel und -pronomen.

alle | ~~allen~~ | eins | jeder | jeder | keine | viele | viele

1. Mit wem warst du auf dem Oktoberfest? – Mit *allen* Kollegen und Kolleginnen.
2. Hat es ihnen auf dem Oktoberfest gefallen? – Ja, _____ haben lange gefeiert.
3. Waren gestern schon _____ Leute dort? – Ja schon, aber _____ hat einen Sitzplatz gefunden.
4. Hast du auch Freunde getroffen? – Nein, _____, denn es waren zu _____ Menschen auf der Wies'n.
5. Soll ich auch hingehen? – Ja klar, _____ muss das einmal sehen.
6. Willst du dir ein Dirndl kaufen? – Nein, aber vielleicht bekomme ich _____ von meiner Freundin.

48 achtundvierzig

b Ergänzen Sie die Tabelle.

Mask.: der Rock   Neutr.: das Kleid   Fem.: die Jacke   Pl.: die Socken

	Artikel	Pronomen	Artikel	Pronomen	Artikel	Pronomen	Artikel	Pronomen
Nom.	ein__ Rock	→ ein**er**	ein___ Kleid	→ ein___	ein___ Jacke	→ ein___	viel___ Hüte	→ viel___
	kein___ Rock	→ kein___	kein___ Kleid	→ kein___	kein___ Jacke	→ kein___	wenig___ Hüte	→ wenig___
	jed___ Rock	→ jed___	jed___ Kleid	→ jed___	jed___ Jacke	→ jed___	all___ Hüte	→ all___
Akk.	ein___ Rock	→ ein___	ein___ Kleid	→ ein___	ein___ Jacke	→ ein___	viel___ Hüte	→ viel___
	kein___ Rock	→ kein___	kein___ Kleid	→ kein___	kein___ Jacke	→ kein___	wenig___ Hüte	→ wenig___
	jed___ Rock	→ jed___	jed___ Kleid	→ jed___	jed___ Jacke	→ jed___	all___ Hüte	→ all___
Dat.	ein___ Rock	→ ein___	ein___ Kleid	→ ein___	ein___ Jacke	→ ein___	viel___ Hüte	→ viel___
	kein___ Rock	→ kein___	kein___ Kleid	→ kein___	kein___ Jacke	→ kein___	wenig___ Hüte	→ wenig___
	jed___ Rock	→ jed___	jed___ Kleid	→ jed___	jed___ Jacke	→ jed___	all___ Hüte	→ all___

c Lesen Sie die Regeln und kreuzen Sie an.

1. Die Endungen von den bestimmten und demonstrativen Artikelwörtern, Fragewort „welch-" und den Pronomen sind
   a. ☐ gleich.   b. ☐ ungleich.

2. Die Endungen von den unbestimmten und negativen Artikelwörtern und den Pronomen sind
   a. ☐ gleich.   b. ☐ ungleich.

d Lesen Sie den Artikel aus einer Modezeitschrift. Ergänzen Sie die Endungen und markieren Sie die Artikelwörter und Pronomen in unterschiedlichen Farben.

Die neue Mode ist da!

Auf dies**es**___ [1] Modejahr können Sie sich freuen! Sie fragen: Welch___ [2] Stil? Welch___ [3] Rocklänge? Welch___ [4] Farben? Die Modewelt in London antwortet: All___ [5] ist erlaubt. Und nur wenig___ [6] ist wirklich neu. Viel___ [7] kommt aus den 60er-Jahren. Holen Sie all___ [8] alten Kleider von Ihrer Großmutter aus dem Schrank. D___ [9] kann heute wieder jed___ [10] Mädchen tragen. Dies___ [11] elegante Mode passt zu jed___ [12] Jahreszeit und zu all___ [13] Gelegenheiten! Ein___ [14] Kleid aus den 60ern müssen Sie in dies___ [15] Herbst im Schrank haben. Wie bitte, Sie haben kein___ [16]? Dann kaufen Sie sich ein___ [17] und Sie sind immer perfekt angezogen!

8 Wie schreibt man richtig? – Nomen mit typischen Endungen

a Erweitern Sie die Wortteile mit „-heit", „-keit", „-schaft" oder „-ung" zu Nomen und ergänzen Sie den Artikel.

1. ____ Gesund**heit**_____
2. ____ Freund_____
3. ____ Müdig_____
4. ____ Unterhalt_____
5. ____ Erinner_____
6. ____ Sicher_____
7. ____ Schwanger_____
8. ____ Möglich_____
9. ____ Wissen_____
10. ____ Feierlich_____
11. ____ Bedeut_____
12. ____ Frei_____
13. ____ Umgeb_____
14. ____ Sauber_____
15. ____ Krank_____

b Was fällt bei den Artikeln in 8a auf? Ergänzen Sie die Regel.

Alle Nomen auf „-heit", „-keit", „-schaft" oder „-ung" haben den Artikel „_____" und die Pluralendung „_____".

neunundvierzig 49

15 Eine Reise nach Wien

1 Wo übernachten?

a Ordnen Sie die Wörter im Schüttelkasten den verschiedenen Übernachtungsmöglichkeiten zu und ergänzen Sie den Artikel. Es gibt mehrere Möglichkeiten.

~~Gastgeschenk~~ | bequem | teuer | Schlafsack | Zimmer reservieren | Schlafsaal | Leute kennenlernen | Geld sparen | Zelt | Gästebett | komfortabel | Stockbett | Isomatte | preiswert | Wellnessbereich | Gemeinschaftsraum | Rezeption | gratis | praktisch | geteiltes Badezimmer | Zimmermädchen | Wohnungsbesitzer | Doppelzimmer

Couch surfen: *das Gastgeschenk,* _____

Jugendherberge: _____

Campingplatz: _____

Hotel: _____

b Lesen Sie den Text im Kursbuch auf Seite 60, Übung A1 d, noch einmal und ergänzen Sie die passenden Verben.

1. auf der Couch *übernachten* _____
2. quer durch Europa unterwegs _____
3. Wohnungsbesitzer im Internet _____
4. sich online _____
5. Schlafmöglichkeiten gratis _____
6. ein Profil im Internet _____
7. sympathische Leute _____
8. im Haushalt _____

c Sie möchten eine Reise nach Dresden machen und dort bei Joachim (21) und Sofie (22) übernachten. Schreiben Sie Ihnen eine E-Mail (in Ihr Heft). Schreiben Sie, wann Sie kommen möchten, wie lange Sie bleiben möchten, wofür Sie sich in Dresden interessieren und warum Sie bei Sofie und Joachim wohnen möchten.

Liebe Sofie, lieber Joachim, ...

2 Das ist ja eine Überraschung! – Die Modalpartikel „ja"

Lesen Sie den Hinweis und formulieren Sie Sätze mit der Modalpartikel „ja" wie im Beispiel.

1. Sie ärgern sich und sagen, dass etwas blöd ist.
   → *Das ist ja blöd!*

2. Sie sind überrascht und sagen, dass Sie das toll finden.
   → _____

3. Sie erinnern Ihren Freund, dass Sie noch nie in Wien gewesen sind.
   → _____

4. Sie sind überrascht und sagen, dass das Hotel teuer ist.
   → _____

5. Sie ärgern sich und sagen, dass Sie die Arbeit langweilig finden.
   → _____

6. Sie erinnern Ihre Freundin, dass Sie die Viennale besuchen wollen.
   → _____

Bedeutung von „ja"
1. Positive oder negative Überraschung über etwas Unerwartetes.
2. Etwas ist dem Gesprächspartner schon bekannt.
„ja" steht meist direkt nach dem Verb.

3 Über Filme sprechen

a Welches Wort passt nicht? Kreuzen Sie an.

1. a. ☐ die Innenstadt b. ☐ der Bezirk c. ☒ die Inszenierung
2. a. ☐ das Drehbuch b. ☐ die Hauptrolle c. ☐ der Filmstar
3. a. ☐ die Premiere b. ☐ die Epoche c. ☐ das Theaterstück
4. a. ☐ der Western b. ☐ der Filmklassiker c. ☐ die Diskussion
5. a. ☐ das Publikum b. ☐ der Stargast c. ☐ die Zuschauer
6. a. ☐ die Dauer b. ☐ der Regisseur c. ☐ der Filmemacher

b Ordnen Sie den Fragen die passenden Antworten zu.

1. Wie oft gehst du ins Kino?
2. Welche Filme magst du am liebsten?
3. Und wie ist es mit Horrorfilmen und Actionfilmen?
4. Wie heißt dein Lieblingsfilm?
5. Was für ein Film ist das?
6. Worum geht es in diesem Film?
7. Hast du auch einen Lieblingsschauspieler oder eine Lieblingsschauspielerin?
8. Warst du schon einmal auf einem Filmfestival?

a. ☐ Die mag ich auch nicht, weil sie mir Angst machen.
b. ☐ Leider noch nie. Aber ich möchte gerne einmal zur Berlinale nach Berlin reisen.
c. ☐ Das ist eine Komödie.
d. ☐ Es geht um einen Kleinkriminellen, der plötzlich als Lehrer arbeiten muss. Das ist total lustig.
e. ☐ „Fuck ju Göthe" mit Elyas M'Barek.
f. ☐ Oh ja, am liebsten sehe ich Franka Potente. Sie hat in vielen Filmen mitgespielt.
g. ☒1 Nicht so oft. Meistens streame ich Filme im Internet.
h. ☐ Dokumentarfilme und Komödien sehe ich besonders gern. Science-Fiction-Filme wie „Star Wars" sind nicht mein Ding.

c Was antworten Sie auf die Fragen in 3b? Schreiben Sie Ihre persönlichen Antworten in Ihr Heft.

4 Rund um den Karlsplatz

Lesen Sie den Text „Rund um den Karlsplatz" im Kursbuch auf Seite 62, Aufgabe B 1a und korrigieren Sie die falschen Aussagen (2 Sätze sind richtig).

1. Vom Kahlenberg hat man einen tollen Blick auf den 19. Wiener Gemeindebezirk.
   r ☐ f ☒ _Man hat eine tolle Aussicht auf die ganze Stadt._

2. Der Naschmarkt hat sich schon immer am heutigen Standort befunden.
   r ☐ f ☐ _____

3. Man will das Wien Museum Karlsplatz in den nächsten Jahren umbauen.
   r ☐ f ☐ _____

4. Die Suiten im Hotel Sacher tragen die Namen von Opern und Komponisten.
   r ☐ f ☐ _____

5. Jedes Jahr geben die Wiener Philharmoniker in der Staatsoper das Neujahrskonzert.
   r ☐ f ☐ _____

6. Der Wiener Opernball findet zweimal jährlich statt.
   r ☐ f ☐ _____

15

5 Ortsangaben – Wechselpräpositionen „rauf oder runter", „raus oder rein"

a Was sind Wechselpräpositionen? Erinnern Sie sich noch? Ergänzen Sie die Regeln.

1. Wechselpräpositionen sind Präpositionen mit   a. ⬜ Dativ oder Akkusativ.   b. ⬜ Akkusativ oder Nominativ.
2. Auf die Frage „wo?" folgt der   a. ⬜ Dativ.   b. ⬜ Akkusativ.
3. Auf die Frage „wohin?" folgt der   a. ⬜ Dativ.   b. ⬜ Akkusativ.
4. Wechselpräpositionen sind: _an, auf, in, ..._ _____

b Lesen Sie das Gespräch und ergänzen Sie die Präpositionen und Artikel.

○ Kommst du mit _auf den_ [1] Naschmarkt? Dort kaufe ich immer mein Obst.

● Sehr gerne. _____ [2] Naschmarkt war ich noch nie. Was machen wir danach?

○ Wir können _____ [3] Museum Moderner Kunst gehen.

● Gute Idee. _____ [4] MUMOK gibt es wirklich tolle Bilder. Wo wollen wir uns treffen? _____ [5] Stephansdom oder _____ [6] Staatsoper?

○ _____ [7] Stephansdom. Dann könntest du _____ [8] Turm steigen. Dort kannst du sehr schön _____ [9] Stadt schauen. Ich war schon sehr oft _____ [10] Südturm.

● Na gut, aber danach gehen wir gemeinsam _____ [11] Café Sacher.

c Ergänzen Sie die Präpositionen und die Artikel aus dem Schüttelkasten.

nach der | auf der (2x) | durch das | die | entlang | durch die (2x) | durch den | am | den | bis zum | zur (2x) | an der | in die

Lieber Alexander,

ich freue mich, dass du _ins_ [1] Kunsthaus mitkommst. Der Weg dorthin ist ganz einfach: Du läufst zuerst _____ [2] Burggarten, bis du _____ [3] Erzherzog-Johann-Allee kommst. Dann biegst du rechts ab und gehst die Erzherzog-Johann-Allee _____ [4] _____ [5] Burgtor. Geh _____ [6] Burgtor durch und lauf geradeaus weiter. Du kommst _____ [7] Domkirche und _____ [8] Schauspielhaus vorbei. Geh geradeaus weiter _____ [9] Hofgasse und bieg am Ende der Hofgasse links _____ [10] Sporgasse ab. Lauf bis zum Ende der Sporgasse. Dann siehst du _____ [11] linken Seite den Hauptplatz. Überquer _____ [12] Hauptplatz und lauf weiter _____ [13] Murgasse, bis du _____ [14] Erzherzog-Johann-Brücke kommst. Überquer _____ [15] Brücke, _____ [16] Brücke siehst du _____ [17] rechten Seite das Kunsthaus.

d „hinauf" („rauf") – „herauf" („rauf") und „hinein" („rein") – „herein" („rein"). Lesen Sie den Tipp im Übungsbuch B, Übung 3f, und korrigieren Sie die Sätze unter den Bildern (x = Position vom Sprecher).

1. Ich gehe herauf. → _hinauf_
2. Komm bitte hinauf. → _____
3. Ich gehe herein. → _____
4. Komm bitte hinein. → _____

e Lesen Sie die beiden Gespräche und ergänzen Sie sie.

Gespräch 1:

A: Komm bitte _herunter (runter)_ !
B: Nein, ich gehe nicht _____
   Komm du doch _____ !
A: Okay, dann gehe ich _____ .

Gespräch 2:

B: Komm bitte _____
A: Nein, ich gehe nicht _____
   Komm du doch _____ !
B: Na gut, dann gehe ich _____ .

f „Rein" oder „raus"? Lesen Sie die Sätze und schreiben Sie das Gegenteil.

1. Ich geh' schon mal rein. ≠ _Ich geh' schon mal raus._
2. Ich gehe die Treppe hinauf. ≠ _____
3. Ich komme gleich herauf. ≠ _____
4. Ich komm' sofort raus. ≠ _____
5. Ich komm' gleich runter. ≠ _____
6. Ich gehe jetzt hinaus. ≠ _____

6 Notizen aus Wien – Einen Reisebericht schreiben

Sortieren Sie die Ausdrücke und schreiben Sie für Jörg einen kurzen Reisebericht an seinen Freund Stefan. Denken Sie auch an die Stellung von Orts- und Zeitangaben und an die Konnektoren.

Michael sehr nett sein – viele Tipps geben – Stadt zeigen | „Couch Surfing" bei Michael machen – tolle Erfahrung sein | in Viennale-Kinos viele Filme sehen | mit Michael im Burgtheater ein Stück von Shakespeare anschauen | zusammen auf dem Naschmarkt und im Café Sacher sein – dort Kaffee trinken und Kuchen essen | ~~Liebe Grüße, Jörg~~ | ~~hier mein Reisebericht kommen~~ | es regnen – wir ins Museum Moderner Kunst gehen | Wien so viele Sehenswürdigkeiten haben – unbedingt noch einmal nach Wien fahren wollen – du vielleicht dann mitkommen? | ~~Wien super gut gefallen~~

Lieber Stefan,
Wien hat mir super gut gefallen. Hier kommt mein Reisebericht.
_____
_____
_____
_____
_____
_____
_____

Liebe Grüße, Jörg

7 Zeitangaben

a Ordnen Sie die Zeitangaben zu. Schreiben Sie in Ihr Heft.

~~14 Tage~~ | 4 Stunden | ~~alle zwei Tage~~ | ~~am 21. Mai~~ | am Montag | eine Woche | einmal pro Woche | ~~erst/schon ein Jahr~~ | gestern | im Oktober | in einer Woche | vor 3 Tagen | jeden Monat | letzten Monat | nach der Vorlesung | seit einem Monat | seit kurzem | täglich | um 14 Uhr | von 8 bis 10 Uhr

Wann?	Wie lange?	Seit wann? / Wie lange schon?	Wie oft?
am 21. Mai	14 Tage	erst/schon ein Jahr	alle zwei Tage

dreiundfünfzig 53

15

b Ordnen Sie die Fragen den Antworten zu.

1. Seit wann lernst du Deutsch?
2. Wann kommt der Zug im Hauptbahnhof an?
3. Wann schreiben wir die Klausur?
4. Wann sollen wir uns treffen?
5. Wie lange dauern die Vorlesungen?
6. Wie lange sind die Semesterferien?
7. Wie lange wartest du schon?
8. Wie lange wohnst du schon hier?
9. Wie oft gehst du ins Kino?
10. Wie oft machst du Sport?

Wie lange sind die Semesterferien?

a. 3 Monate. Am 10. Oktober ist Vorlesungsbeginn.
b. 90 Minuten, aber die Übungen dauern manchmal 3 Stunden.
c. Erst in einer Stunde, so gegen eins. Er hat Verspätung.
d. In einer Woche. Du hast noch genug Zeit zum Lernen.
e. Ziemlich oft. Mindestens zweimal im Monat. Manchmal auch öfter, wenn gute Filme laufen.
f. Noch nicht so lange. Ich bin auch erst vor 5 Minuten gekommen.
g. Noch nicht so lange. Ich bin erst vor einer Woche hier eingezogen.
h. Normalerweise jeden Tag. Aber im Moment nicht, weil ich meine Hausarbeit schreibe.
i. Schon 5 Monate. Ich habe im September angefangen.
j. Heute Abend oder morgen nach der Vorlesung. Wann passt es dir?

c Und jetzt Sie! Beantworten Sie die Fragen.

1. Seit wann lernen Sie Deutsch? _____
2. Wie lange wohnen Sie schon in Ihrer Wohnung? _____
3. Wie oft machen Sie Sport? _____
4. Wie oft gehen Sie ins Kino? _____

8 Woher? Wo? Wohin? Wann? – Orts- und Zeitangaben im Satz

a Lesen Sie die Zeitangaben und bringen Sie sie in die richtige Reihenfolge.

1. ⌊4⌋ morgen früh   ⌊2⌋ heute Morgen   ⌊3⌋ heute Mittag   ⌊1⌋ gestern Abend
2. ⌊ ⌋ später   ⌊ ⌋ dann   ⌊ ⌋ zuerst   ⌊ ⌋ danach
3. ⌊ ⌋ nie   ⌊ ⌋ immer   ⌊ ⌋ oft   ⌊ ⌋ manchmal
4. ⌊ ⌋ gegen 8 Uhr   ⌊ ⌋ nach 8 Uhr   ⌊ ⌋ um 8 Uhr   ⌊ ⌋ vor 8 Uhr
5. ⌊ ⌋ bald   ⌊ ⌋ sofort   ⌊ ⌋ gleich   ⌊ ⌋ später

Sammeln Sie Wörter in Reihenfolgen, Mengen, Qualitäten, z. B. nicht schlecht, gut, sehr gut, super

b Ergänzen Sie in jedem Satz eine Zeit- und eine Ortsangabe aus dem Schüttelkasten.

in die Ausstellung | vorige Woche | letzten Samstag | nach der Arbeit | im Bus | ~~gestern Abend~~ |
nach Wien | auf dem Parkplatz | heute | ~~im Kino~~ | nach der Stadtbesichtigung | im Burgtheater

1. Ivana ist _gestern Abend_ _im Kino_ gewesen, weil sie den neuen Film mit Til Schweiger sehen wollte.
2. Kerstin vergisst oft, wo sie ihr Auto parkt. Heute hat sie ihr Auto _____ _____ gesucht.
3. Christopher hat seinen Stadtplan _____ _____ vergessen.
4. Im Kunstmuseum kann man noch bis morgen die Ausstellung über Picasso sehen. Deshalb will Caroline _____ _____ gehen.
5. Tom ist _____ _____ gereist. Aber schon einen Tag später, am Sonntag, musste er wieder zurück.
6. Nicole und ich lieben klassisches Theater: Wir haben uns _____ _____ kennengelernt.

c Lesen Sie den Tipp. Formulieren Sie Sätze und betonen Sie die Orts- oder Zeitangabe.

1. im Cineplex – der Film – um 18 Uhr – beginnt
   → _Im Cineplex beginnt der Film um 18 Uhr. / Um 18 Uhr beginnt der Film im Cineplex._

2. ihr – am Samstag – geht – ins Burgtheater
   → _____

3. geht – er – ins Museum – sehr gerne
   → _____

4. ich – letzte Woche – gefahren – nach Wien – bin
   → _____

5. gewesen – sind – in Österreich – wir – noch nie
   → _____

6. essen – heute Mittag – wollen – Jörg und Michael – in einem Wiener Beisl
   → _____

7. wir – auf dem Naschmarkt – waren – gestern
   → _____

8. war – wieder – Jörg – um 16 Uhr – im Kino
   → _____

> Orts- und Zeitangaben stehen meist im Mittelfeld, z. B. Er ist **gestern nach Linz** gefahren. Sie können auch auf Position 1 stehen, wenn man
> – den Ort oder die Zeit betonen möchte, z. B. **Schon gestern** war ich abends lange im Büro.
> – eine Verbindung zum Satz vorher herstellen möchte, z. B. Ich habe viele Reisepläne. **Nach Wien** will ich im Mai fahren.
> Zeitangaben stehen oft am Satzanfang.

9 In der Touristeninformation

a Wer sagt was? Notieren Sie: T (= Touristeninformation) oder J (= Jörg).

a. ⌊J⌋ Guten Tag, ich interessiere mich für Filme. Haben Sie eine Empfehlung, was ich mir da ansehen kann?
b. ⌊ ⌋ Danke, ein Kaffee und etwas essen, das passt jetzt gut. Auf Wiedersehen.
c. ⌊ ⌋ Ja, natürlich, wenn Sie hier rausgehen, sehen Sie gleich das Café „Mozart".
d. ⌊ ⌋ Im Wien-Museum gibt es jetzt die Sonderausstellung „Wien im Film".
e. ⌊ ⌋ Ja danke, das weiß ich, aber mein Film beginnt erst um 19.30 Uhr.
f. ⌊ ⌋ Das ist eine gute Idee. Wissen Sie, ob es hier in der Nähe eins gibt?
g. ⌊ ⌋ Ah, das klingt interessant. Können Sie mir sagen, wie lange die heute noch geöffnet ist?
h. ⌊ ⌋ Oh, ich verstehe. Dann gehen Sie doch vorher in ein Kaffeehaus.
i. ⌊ ⌋ Nur noch bis 18.00 Uhr. Sie können auch ins Kino gehen. Jetzt ist die Viennale.

b Bringen Sie das Gespräch aus 9a in die richtige Reihenfolge.

1. _a_   2. ____   3. ____   4. ____   5. ____   6. ____   7. ____   8. ____   9. ____

10 Indirekte Fragesätze

a Formulieren Sie die Fragen in indirekte Fragen um. Welches sind W-Fragen, welches sind Ja/Nein-Fragen? Kreuzen Sie an und formulieren Sie dann die Fragen in indirekte Fragen um.

1. Wann beginnt die Vorstellung?   a. [X] W-Frage   b. [ ] Ja/Nein-Frage
   Weißt du, wann die Vorstellung beginnt?

2. Was kostet eine Kinokarte?   a. [ ] W-Frage   b. [ ] Ja/Nein-Frage
   Können Sie mir sagen, _____?

3. Kann man nach 17 Uhr noch auf den Stephansdom steigen?   a. [ ] W-Frage   b. [ ] Ja/Nein-Frage
   Wissen Sie, _____?

4. Wo ist der Treffpunkt für die Führung?   a. [ ] W-Frage   b. [ ] Ja/Nein-Frage
   Sag mir bitte, _____.

5. Hast du heute Nachmittag Zeit?   a. [ ] W-Frage   b. [ ] Ja/Nein-Frage
   Weißt du schon, _____?

6. Welche Filme hast du schon gesehen?   a. [ ] W-Frage   b. [ ] Ja/Nein-Frage
   Erzähl mir doch, _____.

b Fragen Sie indirekt.

1. Das Museum Moderner Kunst – wo?
   Können Sie mir sagen, wo das Museum Moderner Kunst liegt?

2. geschlossen – wann?
   _____

3. am Freitag geöffnet – wie lange?
   _____

4. Eintrittskarten kosten – wie viel?
   _____

5. Ermäßigung für Studenten geben?
   _____

6. ein Audio-Guide – wie teuer?
   _____

7. ein Museumscafé und einen Museumsshop geben?
   _____

8. welche Buslinie – zum Museum fahren?
   _____

c Beantworten Sie die Fragen aus 10b mit Hilfe der Webseite auf der nächsten Seite.

1. _____
2. _____
3. _____
4. _____
5. _____
6. _____
7. _____
8. _____

mumok

Museumsplatz 1,
A-1070 Wien

Öffnungszeiten
Montag: 14:00–19:00
Dienstag bis Sonntag: 10:00–19:00
Donnerstag: 10:00–21:00

Öffnungszeiten Bibliothek
Dienstag bis Donnerstag: 10:00–16:00

Eintrittspreise
Normal: € 11,–
Gruppen: € 9,–
Ab 10 Personen

Ermäßigt: € 8,50
Behinderte (mit Ausweis), Senior_innen ab 65 Jahren oder mit Senior_innen-ausweis

Ermäßigt: € 7,50
Studierende unter 27 Jahre, Zivil-/Präsenzdienstleistende, Arbeitslose

Eintritt frei: € 0,–
Kinder und Jugendliche < 19 Jahre

Jahreskarte: € 28,–
Semesterticket: € 12,–
Für Studierende bis 27 Jahre

Eintrittskarten online kaufen

Zum Onlineshop von Wien Ticket

Kombiticket mumok & Leopold Musuem:
Normal: € 20,50
Wien-Karte: € 18,–
Studierende unter 27 Jahre: € 16,–
Senior_innen: € 16,50
Kunst am Donnerstag: € 8,–
18:00–21:00, inkl. Führung um 19:00

Multimedia Guide: € 3,50

(Stand: März 2017)

d Recherchieren Sie Informationen zu Museen in Ihrer Heimatstadt oder an Ihrem Kursort und stellen Sie sich gegenseitig Fragen wie in 10 a–c.

11 Wie schreibt man richtig? – Diphthonge im Singular und Plural

a Ergänzen Sie „ei" – „eu" – „au" – „äu".

1. die R*ei*__se – die R____sen
2. der Fr____nd – die Fr____nde
3. der K____f – die K____fe
4. das Fahrz____g – die Fahrz____ge
5. der B____ – die B____ten
6. der Hinw____s – die Hinw____se
7. der Tr____m – die Tr____me
8. die Bed____tung – die Bed____tungen
9. das Geb____de – die Geb____de
10. das Z____gnis – die Z____gnisse
11. der Br____ch – die Br____che
12. der Pr____s – die Pr____se

b „ei" – „ai" – „eu" – „au" – „äu". Arbeiten Sie zu zweit. Ihr Partner / Ihre Partnerin diktiert ein Wort und kreuzt es an. Welches Wort hören Sie: a oder b? Kreuzen Sie an und kontrollieren Sie dann gemeinsam.

1. a. ☐ Eier   b. ☐ euer
2. a. ☐ Leute   b. ☐ Laute
3. a. ☐ Feuer   b. ☐ Feier
4. a. ☐ Raum   b. ☐ Räume
5. a. ☐ Frauen   b. ☐ freuen
6. a. ☐ Baum   b. ☐ Bäume
7. a. ☐ aus   b. ☐ Eis
8. a. ☐ heiß   b. ☐ Haus
9. a. ☐ Reis   b. ☐ raus
10. a. ☐ meist   b. ☐ Mai

16 Ausbildung oder Studium

1 Schule und Berufsausbildung

a Ergänzen Sie die passenden Wörter.

Berufsschule | Abitur | Mittleren Schulabschluss | ~~weiterführende Schule~~ | Betrieb | Hochschule | Duales Studium | Schulart | Lehre

1. Nach der Grundschule besuchen alle Schüler eine _weiterführende Schule._
2. Jede _____ bereitet auf unterschiedliche Berufe und Karrieremöglichkeiten vor.
3. Mit 18 oder 19 Jahren machen die Schüler an Gymnasien das _____ und dürfen an einer _____ studieren.
4. Ein _____ verbindet Studium und Praxis.
5. Die Realschule schließt man mit dem _____ ab.
6. Eine berufliche Ausbildung oder _____ dauert in der Regel 3 Jahre.
7. Die berufliche Ausbildung findet im _____ und in der _____ statt.

b Lesen Sie noch einmal den Text im Übungsbuch A, Übung 1a, und korrigieren Sie die falschen Sätze.

1. Das Schulsystem ist in allen Bundesländern gleich.   r ☐   f ☒
   Es gibt Unterschiede zwischen den einzelnen Ländern.

2. Die Grundschule dauert sechs Jahre.   r ☐   f ☐

3. Alle Kinder müssen zwölf Jahre zur Schule gehen.   r ☐   f ☐

4. Die meisten Kinder gehen in einen Kindergarten, eine Kinderkrippe oder eine Kindertagesstätte.   r ☐   f ☐

5. Im Alter von fünf Jahren werden die Kinder eingeschult.   r ☐   f ☐

6. Nur die Lehrer entscheiden, in welche Schule ein Kind nach der Grundschule geht.   r ☐   f ☐

2 Ausbildung oder Studium?

a Finden Sie 12 Berufe und schreiben Sie sie mit Artikel und Plural.

erziehergwunsrechtsanwalterunfloristalrtübersetzertomabäckersingingenieurovastronauto
wasemechanikergolakraftfahrerbrunesozialpädagogehetobankkauffraumechakonditor

der Erzieher, die Erzieher,

b Schreiben Sie die Berufe aus 2a zu der passenden Erklärung. Für welche Berufe braucht man in Deutschland eine Ausbildung (A), für welche ein Studium (S)? Kreuzen Sie an.

	A	S
1. Diese Personen fahren LKWs. → _Kraftfahrer_	X	☐
2. Mathematik ist ein wichtiger Teil von ihrem Beruf. → _____	☐	☐
3. Sie bauen oder reparieren technische Geräte und Maschinen. → _____	☐	☐
4. Soziale Probleme gehören zu ihrer Arbeit. → _____	☐	☐
5. Diese Personen arbeiten mit Pflanzen. → _____	☐	☐
6. In diesem Beruf fängt man jeden Tag sehr früh mit der Arbeit an. → _____	☐	☐
7. Sie verteidigen die Interessen von ihren Kunden. → _____	☐	☐
8. Torten, Kuchen und Süßigkeiten sind ihre Welt. → _____	☐	☐
9. Sie arbeiten mit Kindern. → _____	☐	☐
10. Sie sind in allen Geschäftsbereichen von Kreditinstituten tätig. → _____	☐	☐
11. Sie fliegen ins Weltall. → _____	☐	☐
12. Sie arbeiten mit Sprachen. → _____	☐	☐

c Was sind die Vorteile von einer Ausbildung bzw. von einem Studium? Schreiben Sie Sätze mit den Stichwörtern im Schüttelkasten.

~~kein Abitur brauchen~~ | interessante Jobs geben | mehr Geld verdienen | eigene Firma gründen können | früh Geld verdienen | viele berufliche Möglichkeiten haben | früh von den Eltern unabhängig sein

1. Vorteile von einer Ausbildung: _Wenn man eine Ausbildung macht, braucht man kein Abitur._
   _____

2. Vorteile von einem Studium: _____
   _____

d Was kennzeichnet diese Berufe? Verbinden Sie.

1. Als Übersetzer
2. Als Bäcker
3. Als Journalist
4. Als Bankkaufmann
5. Als Krankenpfleger
6. Als Lehrer
7. Als Augenoptiker
8. Als Sozialpädagoge
9. Als Architekt

a. ☐ berät man Kunden bei der Wahl einer Brille.
b. ☐ fertigt man Bauzeichnungen mit dem Computer an.
c. ☐ ist man oft im Ausland unterwegs.
d. ☐ kümmert man sich oft um Jugendliche, die Probleme haben.
e. ☐ muss man gut mit Zahlen umgehen können.
f. ☐ muss man in den Schulferien Unterricht vorbereiten.
g. _1_ muss man mehrere Fremdsprachen sprechen.
h. ☐ muss man morgens früh aufstehen.
i. ☐ muss man oft Nachtschicht arbeiten.

3 Höfliche Fragen, Bitten, Wünsche – Konjunktiv II

a Ergänzen Sie die passende Form von „haben", „können", „werden" und „dürfen" im Konjunktiv II.

1. _Würden_ Sie gerne einen Termin bei der Berufsberatung vereinbaren?
2. Wann _____ Sie Zeit für ein Beratungsgespräch?
3. Welchen Beruf _____ Sie gerne erlernen?
4. _____ Sie sich vorstellen, eine duale Berufsausbildung zu machen?
5. _____ wir Sie bitten, an unserem Test teilzunehmen?
6. _____ Sie Interesse an einer Arbeit im Büro?
7. _____ Sie nächste Woche noch einmal vorbeikommen?
8. _____ es Ihnen gefallen, selbständig zu arbeiten?

16

b Formulieren Sie höfliche Fragen, Bitten und Wünsche mit „können", „werden" und „dürfen". Verwenden Sie den Konjunktiv II.

1. Gib mir den Stift, bitte.
   → *Könntest du mir bitte den Stift geben?*
   → *Würdest du mir bitte den Stift geben?*

2. Helft uns bitte.
   → _____
   → _____

3. Darf ich kurz telefonieren?
   → _____
   → _____

4. Ruf mich bitte an!
   → _____
   → _____

5. Dürfen wir Sie morgen besuchen?
   → _____
   → _____

6. Darf ich Sie etwas fragen?
   → _____
   → _____

c Welches Verb passt?

1. einen sicheren Arbeitsplatz
2. ins Ausland
3. in Zukunft viel Geld
4. eine eigene Firma
5. in einem sozialen Beruf
6. ein duales Studium

a. ⏥ arbeiten
b. ⏥ verdienen
c. *1* haben
d. ⏥ absolvieren
e. ⏥ gründen
f. ⏥ gehen

d Formulieren Sie Sätze zu den Elementen in 3c. Verwenden Sie den Konjunktiv II.

1. *Möchten Sie gern einen sicheren Arbeitsplatz haben? / Hätten Sie gern einen sicheren Arbeitsplatz?*
2. _____
3. _____
4. _____
5. _____
6. _____

ich möchte + Infinitiv =
ich würde gern + Infinitiv /
ich möchte gern haben
= ich hätte gern

e Was wünschen Sie sich persönlich? Beantworten Sie die Fragen in 3d.

1. *Ja, ich möchte gern einen sicheren Arbeitsplatz haben. / ..., ich hätte gern einen sicheren Arbeitsplatz. / Nein, ein sicherer Arbeitsplatz ist mir nicht wichtig.*
2. _____
3. _____
4. _____
5. _____
6. _____

4 Empfehlungen / Vorschläge – Konjunktiv II

So geht es besser. Formulieren Sie Vorschläge mit „sollen" im Konjunktiv II.

mehr schlafen | einen Terminkalender benutzen | zur Krankengymnastik gehen | ~~nicht so viel Kaffee trinken~~ | mehr Sport treiben | Entspannungsübungen machen

1. ○ Ich bin sehr nervös.
   ● *Du solltest nicht so viel Kaffee trinken.*
2. ○ Wir wollen uns fitter fühlen.
   ● ___
3. ○ Sie hat starke Rückenschmerzen.
   ● ___
4. ○ Ich bin immer müde.
   ● ___
5. ○ Er fühlt sich gestresst.
   ● ___
6. ○ Ich vergesse oft wichtige Termine.
   ● ___

5 Die Genitivergänzung

a Schreiben Sie die Genitivformen in die Tabelle.

	Maskulinum (M)	Neutrum (N)	Femininum (F)	Plural (M, N, F)
N	der / ein Azubi	das / ein Studium	die / eine Ausbildung	die / ø Studenten
	der / ein Student			die / ø Ausbildungen
G	___ / ___ Azubi___	___ / eines Studium___	der / einer Ausbildung	___ / ø Studenten
	___ / eines Student___			___ / ø Ausbildungen

b Lesen Sie die Regel im Übungsbuch B, Übung 3b, und schreiben Sie die Genitivendungen.

~~das Holz~~ | das Buch | der Boden | das Glas | der Dank | das Wetter | der Stress | der Schlüssel | das Kleid | das Parlament | das Eis | der Onkel | der Gruß | der Moment | das Fenster | das Netz | das Leben | der Traum | das Hotel | der Weg | das Salz

nur „-s"	nur „-es"	„-s" oder „-es"
	des Holzes	

c Ergänzen Sie die Nomen mit dem bestimmten Artikel im Genitiv.

1. Die Dauer _____ beträgt drei Jahre. (Bachelorstudium)
2. Ich habe den Namen _____ vergessen. (Berater)
3. Der Berufsberater beantwortet die Fragen _____. (Studenten)
4. Die Vorbereitung _____ hat lange gedauert. (Meeting)
5. Die Tochter _____ studiert Maschinenbau. (Nachbar)
6. Bei meinem Praktikum bin ich für die Beratung _____ zuständig. (Kunden)
7. Der Architekt kümmert sich um die Planung _____. (Haus)

16

d Ordnen Sie zu und formulieren Sie Ausdrücke wie im Beispiel.

1. Wahl
2. Schreiben
3. Verkauf
4. Erledigung
5. Dauer
6. Überprüfung

a. ⬜ Konsumgütern (0-Artikel)
b. ⬜ Qualität (best. Artikel)
c. ⬜ Ausbildung (unbest. Art.)
d. ⬜ Rechnungen (0-Artikel)
e. ⬜ Schriftverkehr (best. Art.)
f. _1_ Beruf (unbest. Art.)

1. _die Wahl eines Berufs_
2. _____
3. _____
4. _____
5. _____
6. _____

e Lesen Sie die Regel im Übungsbuch B, Übung 3d, noch einmal und formulieren Sie die Ausdrücke um.

Gesprochene Sprache

1. Die Ausbildung von Sofia
2. Die Bilder von Paul Klee
3. Das Zeugnis von Thomas
4. _____
5. _____
6. _____

Schriftsprache

1. Sofias Ausbildung
2. _____
3. _____
4. Nicoles Nachbar
5. Frau Leitners Empfehlungen
6. Dr. Schmitz´ Therapie

Genitivendungen:
1. Bestimmter Artikel im Genitiv:
   Singular Mask./Neutr.: des; Singular Fem.: der; Plural M/N/F: der
2. Unbestimmter Artikel im Genitiv:
   Singular Mask./Neutr.: eines; Singular Fem.: einer; Plural M/N/F: 0-Artikel, aber „von" + Dativ
3. Nomen im Singular:
   – Mask. + Neutr.: „-s" oder „-es"
   – bei Nomen mit „-s", „-z", „-ß", „-x" am Ende:
     „-es" (nicht bei Eigennamen)
   – Nomen der n-Deklination: „-n" oder „-en"
   – Femininum: keine Genitivendung!

f Ergänzen Sie den richtigen Ausdruck.

Behandlung | Planung | Beratung | ~~Durchführung~~ | Bearbeitung | Betreuung

1. Der Psychologe führt Gespräche durch.
   Die _Durchführung_ von Gesprächen ist ein wichtiger Teil seiner Arbeit.

2. Die Ärztin behandelt Patienten.
   Die _____ von Patienten wird von den Krankenkassen bezahlt.

3. Die Bankkauffrau betreut die Kunden.
   Für die _____ von Kunden nimmt sie sich viel Zeit.

4. Der Berufsberater berät die Studenten.
   Alle Studenten sind zufrieden mit der _____.

5. Reklamationen bearbeitet der Chef immer selbst.
   Die _____ von Reklamationen ist für ihn sehr wichtig.

6. Die Studenten planen mit ihrem Professor Projekte.
   Bei der _____ von Projekten lernen sie sehr viel.

Nominalstil (vor allem in der geschriebenen Sprache): die Durchführung von Gesprächen

Verbalstil: Gespräche durchführen

6 Adjektivendungen

a Lesen Sie den Hinweis und ergänzen Sie die passenden Adjektive mit der richtigen Endung.

Genitivendungen von Adjektiven
1. „-en" bei
   - Singular:
   - Maskulinum, Neutrum: des, eines, meines, keines: guten Weines, frischen Brotes
   - 0-Artikel (Mask.+Neutr.): guten Weines / frischen Brotes
   - Femininum: der, meiner, keiner heißen Suppe
   - Plural:
     der, meiner, keiner guten Weine, frischen Brote, heißen Suppen
2. „-er" bei
   - Singular: 0-Artikel Femininum: guter Suppe
   - Plural: 0-Artikel: guter Weine, frischer Brote, heißer Suppen

groß | gut | sozial | jung

1. Die Liste der _____ Berufe.
2. Der Anfang einer _____ Karriere.
3. Die Situation _____ Studenten.
4. Das Ende keiner _____ Zusammenarbeit.

b Ergänzen Sie die Adjektivendungen.

Tim denkt, dass ein technisch*er* [1] Beruf eine gut___ [2] Wahl für ihn ist. Aber er möchte kein lang___ [3] Universitätsstudium machen. Er findet eine betrieblich___ [4] Ausbildung besser, weil er dann sofort eigen___ [5] Geld verdient. Aber Emma ist nicht einverstanden. Sie meint, dass man nach einem universitär___ [6] Studium ein besser___ [7] Einkommen hat und es eine größer___ [8] Auswahl an interessant___ [9] Jobs gibt. Es ist wahr, dass auch manch___ [10] Handwerker viel Geld mit ihrer eigen___ [11] Firma verdienen, wie Rainer sagt. Aber viele Handwerker haben keine eigen___ [12] Firma und keinen so gut___ [13] Verdienst. Für einig___ [14] Schüler, wie Sofia, ist der theoretisch___ [15] Unterricht im Gymnasium nicht das Richtige. Sie möchten lieber praktisch___ [16] Erfahrungen sammeln und Physiotherapeutin oder Logopädin werden. Es ist klar: Die Wahl des richtig___ [17] Berufs ist eine wichtig___ [18] Frage im Leben all___ [19] jung___ [20] Menschen.

7 Relativsätze

a Lesen Sie den Hinweis und schreiben Sie Relativsätze.

1. Relativsätze sind Nebensätze. Sie erklären ein Nomen im Hauptsatz.
2. Der Relativsatz kann den Hauptsatz teilen.
3. Das Genus (der, das, die) und der Numerus (Singular, Plural) des Relativpronomens richten sich nach dem Wort, auf das das Pronomen sich bezieht.
4. Der Kasus (Nominativ, Akkusativ, Dativ, Genitiv) richtet sich nach dem Verb oder nach der Präposition im Relativsatz.

1. Sofia sprach mit dem Berufsberater. Er war sehr freundlich.
   → *Sofia sprach mit dem Berufsberater, der sehr freundlich war.*

2. Er hat Ratschläge gegeben. Sie sind sehr nützlich.
   → Die Ratschläge _____

3. Herr Schmitz hat sie beraten. Er ist sehr kompetent.
   → Herr Schmitz _____

4. Sie hat Emma alles erzählt. Sie war auch sehr interessiert.
   → Emma _____

5. Sie hat mit den anderen Schülern gesprochen. Sie wollen jetzt auch zur Berufsberatung gehen.

b Schreiben Sie die Mail von Emma neu und ergänzen Sie dabei die Relativsätze im Schüttelkasten an der passenden Stelle.

denen ich von deinem Besuch bei der Berufsberatung erzählt habe | die man nicht vergessen sollte | die er dir über das duale Studium gegeben hat | der mich dann hoffentlich auch so gut berät | die du dann hättest | ~~bei dem du warst~~ | bei dem man Theorie und Praxis verbinden kann

> Hallo Rainer,
> vielen Dank für deine Mail. Es freut mich, dass der Berater sehr kompetent war. Die Information finde ich sehr interessant. Ich würde auch gern ein Studium machen. Natürlich hast du Recht, dass ein duales Studium auch Nachteile haben kann. Aber trotzdem glaube ich, dass für dich die Vorteile überwiegen. Meine Eltern hoffen sehr, dass ich mich bald für einen Beruf entscheide. Aber das ist gar nicht so einfach! Ich mache jetzt auch einen Termin bei einem Berufsberater.
> Liebe Grüße,
> Emma

Hallo Rainer,
vielen Dank für deine Mail. Es freut mich, dass der Berater, bei dem du warst, sehr kompetent war.

c Verbinden Sie die Sätze mit einem Relativpronomen wie im Beispiel. Schreiben Sie dann die Sätze wie im Beispiel.

1. Ich möchte einen Beruf.
2. Wichtig sind Kollegen.
3. Ich suche eine Arbeit.
4. Ich wünsche mir einen Chef.
5. Für mich ist ein Arbeitsplatz wichtig.
6. Ich möchte keinen Stress.

a. ⌴ Ich kann gut mit ihnen zusammenarbeiten.
b. ⌴ Er schadet meiner Gesundheit.
c. ⌴ Er ist sicher.
d. ⌴ Ich verdiene viel Geld mit der Arbeit.
e. 1 Er macht mir Spaß.
f. ⌴ Ich kann mit ihm alles besprechen.

1. Ich möchte einen Beruf, der mir Spaß macht.
2.
3.
4.
5.
6.

d Schreiben Sie Relativsätze mit den Angaben in Klammern.

1. (sehr bekannt sein) Ich habe mich bei einem Unternehmen beworben, das sehr bekannt ist.
2. (gute Noten haben) Sie stellen nur Abiturienten ein,
3. (mich nach der Ausbildung übernehmen) Ich suche eine Firma,
4. (er mir viele Vorteile bringen) Ich habe einen Vertrag abgeschlossen,
5. (jeder sie treffen müssen) Die Berufswahl ist eine wichtige Entscheidung,
6. (ich ihm sehr dankbar sein) Herr Schmitz ist der Berufsberater,

e Und was möchten Sie? Schreiben Sie Relativsätze.

1. Ich wünsche mir einen Beruf, _in dem ich mit Menschen arbeiten kann._
2. Ich hätte gerne eine Wohnung, _____
3. Ich wünsche mir Freunde, _____
4. Ich träume von einem Partner/einer Partnerin, _____

8 Stefanias Präsentation

Lesen Sie den Text der Präsentation und ergänzen Sie die Wörter aus dem Schüttelkasten.

Aufgaben | außerdem | Studiengang | Fremdsprachenkenntnisse | Hochschule | duales Studium | Unternehmen | Präsentation | drittens | aus diesem Grund | Bachelor-Studiengang | ~~vorstellen~~ | erstens

Guten Morgen!

Im Rahmen von unserem Thema „duales Studium" möchte ich euch heute den Weg zu meinem Traumberuf _vorstellen_ [1].

Meine _____ [2] gliedert sich in drei Punkte: _____ [3]: Welchen Studiengang habe ich gewählt? Zweitens: Wie funktioniert mein _____ [4]? Und _____ [5]: Wie gefällt mir das duale Studium?

Zu Punkt 1 „Welchen _____ [6] habe ich gewählt?": Weil ich vor dem dualen Studium schon einen _____ [7] in Fremdsprachen absolviert habe, hatte ich schon gute Sprachkenntnisse. _____ [8] haben mich schon immer Wirtschaft und Finanzwesen interessiert. _____ [9] fiel meine Wahl dann auf „International Business."

Das führt mich zu Punkt 2: „Wie funktioniert mein duales Studium?" Die duale _____ [10] und auch das Unternehmen sind in einer kleinen Stadt. In der Firma habe ich verschiedene _____ [11], wie Marketing und Produktmanagement. Weil das _____ [12] mehrere Filialen im Ausland hat, sind nicht nur Kenntnisse in Wirtschaft, sondern auch _____ [13] sehr wichtig. ….

9 Wie schreibt man richtig? – „-er" oder „-e" am Wortende

Arbeiten Sie zu zweit. Ihr Partner / Ihre Partnerin diktiert ein Wort und kreuzt es an. Welches Wort hören Sie: a oder b? Kreuzen Sie an und kontrollieren Sie dann gemeinsam.

1. a. ☐ Berater   b. ☐ Berate!
2. a. ☐ Arbeite!   b. ☐ Arbeiter
3. a. ☐ Fahre!   b. ☐ Fahrer
4. a. ☐ Lerne!   b. ☐ Lerner
5. a. ☐ Benutze!   b. ☐ Benutzer
6. a. ☐ Erzähler   b. ☐ Erzähle!

17 Erste Erfahrungen in der Arbeitswelt

1 Bewerbung und Lebenslauf

a Wie kann man noch sagen? Notieren Sie die Synonyme.

1. die Universität = _die Hochschule_
2. die Computerkenntnisse = _____
3. die Tätigkeit = _____
4. die Herstellung = _____
5. die Weiterbildung = _____
6. das Werk = _____
7. der Mitarbeiter = _____
8. die Freizeitaktivitäten (Pl.) = _____

Lernen Sie Wörter mit ihren Synonymen, z. B. der Laden = das Geschäft

b Ergänzen Sie die passenden Verben / Ausdrücke im Schüttelkasten.

sammeln | vorbereiten | verfügen | führen | ~~beschäftigt sein~~ | absolvieren / abschließen | interessieren | schicken | vertraut sein | fasziniert sein

1. bei einer Firma _beschäftigt sein_
2. mit einem EDV-Programm _____
3. ein Telefongespräch _____
4. die Bewerbungsunterlagen _____
5. von einer Frage _____
6. sich für Naturwissenschaften _____
7. ein Studium _____
8. praktische Erfahrungen _____
9. über gute Sprachkenntnisse _____
10. sich auf ein Vorstellungsgespräch _____

c Beantworten Sie die Fragen. Schreiben Sie in Ihr Heft.

1. Waren Sie schon einmal bei einer Firma beschäftigt?
2. Mit welchen Computerprogrammen sind Sie vertraut?
3. Interessieren Sie sich für Naturwissenschaften?
4. Haben Sie schon ein Studium absolviert?
5. Haben Sie schon einmal praktische Berufserfahrung gesammelt?
6. Verfügen Sie über gute Englischkenntnisse?

d Lesen Sie die Anzeige und beantworten Sie die Fragen in Ihrem Heft.

> Wir suchen vom 01.05. – 30.09.
>
> **einen Lehrer / eine Lehrerin für Deutsch als Fremdsprache**
> Die Schwerpunkte sind: Intensivkurse für Akademiker, Studenten und Berufstätige, alle Niveaustufen
>
> Sie haben DaF studiert und haben mehrjährige Berufs- und Auslandserfahrung. Sie verfügen über sehr gute Kenntnisse in Englisch und in einer weiteren Fremdsprache. Ihre Bewerbungsunterlagen senden Sie bitte per Mail an: office@...

1. Welche Aufgaben hat der Lehrer / die Lehrerin für Deutsch als Fremdsprache?
2. Welche Voraussetzungen muss er / sie erfüllen?

e Das Anschreiben. Bringen Sie die Punkte in die richtige Reihenfolge.

- [_1_] Betreff: _Bewerbung als Lehrer / Lehrerin für Deutsch als Fremdsprache_
- [ ] Schlusssatz: _____
- [ ] Anrede: _____
- [ ] Unterschrift: _____
- [ ] Gründe für die Bewerbung: _____
- [ ] Grußformel: _____
- [ ] Bezug auf die Anzeige: _____
- [ ] Kompetenzen / Erfahrungen: _____

66 sechsundsechzig

f Ordnen Sie folgende Redemittel den passenden Punkten in 1e zu.

2 Jahre Deutsch als Fremdsprache-Unterricht in Madrid | Nach meiner Rückkehr nach Deutschland möchte ich … | Ihre o.g. Anzeige passt genau zu meinem Profil | Englisch – sehr gut in Wort und Schrift | Spanisch verhandlungssicher | Mit freundlichen Grüßen | Studienabschluss an der Universität … | Deutsch als Fremdsprache-Unterricht in Deutschland für … interessiert mich sehr | ~~Bewerbung als Lehrer / Lehrerin für Deutsch als Fremdsprache~~ | Über eine Einladung zu einem Vorstellungsgespräch würde ich mich sehr freuen. | Sehr geehrte Damen und Herren, …

g Schreiben Sie mithilfe der Punkte in 1e und der Redemittel in 1f eine Bewerbung auf die Anzeige in 1d in Ihr Heft.

2 Was wird / wurde gemacht? – Das Passiv

a Markieren Sie die Verben im Passiv Präsens.

1. 2005 *wird* das neue Museum *eröffnet*.
2. Auch der SchokoLaden wird vergrößert.
3. Den Kindern wird im Museum die Herstellung der Schokolade gezeigt.
4. Den Besuchern wird die Geschichte der Firma erklärt.
5. Im Ritter-Café werden den Gästen Erfrischungen und kleine Imbisse angeboten.
6. Im SchokoLaden werden verschiedene Schokoladensorten zum Verkauf angeboten.
7. Die Schokolade wird in über 100 Länder exportiert.

b Formen Sie die Sätze in 2a um.

1. *2005 eröffnet man das neue Museum.*
2. _____
3. _____
4. _____
5. _____
6. _____
7. _____

c Die Firmengeschichte. Formulieren Sie die Sätze im Passiv Präteritum ohne Aktiv-Agens wie im Beispiel.

1. 1912 gründeten die Eheleute die Fabrik.
   → *1912 wurde die Fabrik gegründet.*

2. 1919 brachte die Firma eine eigene Schokoladenmarke auf den Markt.
   → _____

3. 1926 schaffte die Firma den ersten Firmenwagen an.
   → _____

4. 1930 verlegten die Eheleute die Firma ins idyllische Waldenbuch.
   → _____

5. 1932 produzierte die Firma die ersten quadratischen Schokoladentafeln.
   → _____

6. 1940 beendete die Firma die Schokoladenproduktion wegen des 2. Weltkriegs.
   → _____

7. Ab 1950 nahm die Fima die Schokoladenproduktion wieder auf.
   → _____

8. 2005 eröffnete die Firma das „MUSEUM RITTER".
   → _____

17

d Formulieren Sie Passivsätze mit Agens wie im Beispiel.

1. 2005 präsentiert die Geschäftsleitung der Presse das neue Museum.
   → *2005 wird der Presse das neue Museum von der Geschäftsleitung präsentiert.*

2. Nette Mitarbeiter zeigen den Kindern die Herstellung der Schokolade.
   →

3. Eine kompetente Museumsführerin erklärt den Besuchern die Geschichte der Firma.
   →

4. Freundliches Personal bietet im Ritter-Café den Gästen Erfrischungen und kleine Imbisse an.
   →

5. Im SchokoLaden verkaufen Mitarbeiter Schokolade.
   →

6. Die Firma exportiert ihre Schokolade in über 100 Länder auf der ganzen Welt.
   →

e Die Geschichte von HARIBO. Formulieren Sie die Aktivsätze im Passiv und die Passivsätze im Aktiv.

1. 1920 gründete Hans Riegel die Firma HARIBO in Bonn.
   1920 wurde von Hans Riegel die Firma HARIBO in Bonn gegründet.

2. 1922 erfand er den Tanzbären – eine Bärenfigur aus Fruchtgummi. Der Tanzbär wurde später von HARIBO zum Goldbären weiterentwickelt.

3. 1923 kaufte die Firma ihren ersten PKW.

4. 1930 beschäftigte das Unternehmen schon 160 Mitarbeiter. HARIBO-Produkte wurden von dem Unternehmen im ganzen Land verkauft.

5. Mitte der 30er Jahre führte die Firma den Werbeslogan „HARIBO macht Kinder froh" ein.

6. Während des 2. Weltkriegs wurde von HARIBO die Produktion stark reduziert.

7. Nach dem Ende des 2. Weltkriegs im Jahr 1945 bauten die Söhne des Firmengründers die Firma schnell wieder auf. 1950 wurden von dem Unternehmen schon etwa 1000 Mitarbeiter beschäftigt.

8. 1960 brachte die Firma zum ersten Mal die HARIBO-GOLDBÄREN auf den Markt.

9. 1962 wurde vom deutschen Fernsehen zum ersten Mal Werbung für HARIBO gezeigt.

10. In den 70er Jahren veränderte die Firma die Form der Goldbären und 1989 wechselte HARIBO die Farbe der Goldbären. Bis heute werden sie von Kindern in vielen Ländern gern gegessen und von Erwachsenen ebenso.

3 Das Vorstellungsgespräch

a Was sagt der Personalchef (P), was die Bewerberin (B)? Kreuzen Sie an.

	P	B
Nein danke, im Moment nicht.		X
Was machen Sie denn so in Ihrer Freizeit?		
Zuerst möchte ich mein Bachelor-Studium abschließen.		
Was wissen Sie schon über unsere Firma?		
Wann und wo haben Sie denn Ihren Fortbildungskurs gemacht?		
Ich weiß, dass Sie 1.400 Mitarbeiter haben und viel ins Ausland exportieren.		
Was wollen Sie nach dem Praktikum machen?		
Den habe ich an vier Wochenenden bei einem Institut in Tübingen absolviert.		
Wie war Ihr bisheriger Ausbildungsweg?		
Ja, ein Schulpraktikum und ein Industriepraktikum.		
Warum wollen Sie gern bei uns ein Praktikum machen?		
Ihre Anzeige passt genau zu meinem Profil, und hier kann ich noch viel lernen.		
Haben Sie selbst noch Fragen?		
Ich habe das Abitur gemacht und danach direkt mit dem Chemiestudium angefangen.		
Haben Sie mal ein Praktikum gemacht?		
Ich gehe gerne joggen und lese auch gerne.		

b Ergänzen Sie den Dialog mit den Elementen aus 3a.

○ Wie war Ihr bisheriger Ausbildungsweg?
● *Ich habe das Abitur gemacht und danach direkt mit dem Chemiestudium angefangen.*

○ _____
● Ja, ein Schulpraktikum und ein Industriepraktikum.

○ _____
● Den habe ich an vier Wochenenden an einem Institut in Tübingen absolviert.

○ Warum wollen Sie gern bei uns ein Praktikum machen?
● _____

○ Was wissen Sie schon über unsere Firma?
● _____

○ _____
● Zuerst möchte ich mein Bachelor-Studium abschließen.

○ _____
● Ich gehe gerne joggen und lese auch gerne.

○ Haben Sie selbst noch Fragen?
● _____

4 Arbeit, Arbeit, Arbeit – Wortfeld „Arbeitswelt"

a Ergänzen Sie die passenden Nomen oder Verben mit Hilfe der Übung C 1b im Kursbuch.

1. Die Entwicklung → *entwickeln*
2. _____ → verkaufen
3. Die Vorbereitung → _____
4. Die Herstellung → _____
5. Die Betreuung → _____
6. Die Analyse → _____
7. Die Kontrolle → _____
8. _____ → werben

b Welches Verb passt nicht? Kreuzen Sie an.

1. Arbeitszeit   a. ☐ abbauen   b. ☐ kontrollieren   c. ☒ arbeiten
2. Erfahrungen   a. ☐ kennen   b. ☐ sammeln   c. ☐ machen
3. einen Kurs   a. ☐ absolvieren   b. ☐ weiterbilden   c. ☐ machen
4. Kenntnisse   a. ☐ wissen   b. ☐ vertiefen   c. ☐ erweitern

c Was wird wo gemacht? Ergänzen Sie die Sätze wie im Beispiel.

Rohstoffe annehmen | ~~Rechnungen kontrollieren~~ | Mitarbeiter betreuen | Produkte analysieren und kontrollieren | neue Produkte entwickeln | Werbung

1. In der Buchhaltung _werden Rechnungen kontrolliert._
2. In der Marketingabteilung _____
3. In der Personalabteilung _____
4. In der Abteilung Analytik und Rohstoffsicherheit _____
5. In der Abteilung Forschung und Entwicklung _____
6. Im Wareneingang _____

d Was würde Ihnen gefallen? Warum (nicht)? Im Schüttelkasten finden Sie mögliche Begründungen.

(nicht) gerne Kontakt mit Menschen haben | (nicht) gerne rechnen | sich (nicht) für Zahlen interessieren | (nicht) gerne mit Zahlen umgehen | (nicht) gerne Kundenkontakt haben | sich (nicht) für Chemie interessieren

1. Würden Sie gerne in der Abteilung Wareneingang arbeiten? Warum (nicht)?
   Ja, das würde mir gefallen. / Nein, das mag ich nicht, ich würde lieber … / ich mag lieber …, weil …
2. Würde es Ihnen gefallen, in der Personalabteilung zu arbeiten? Warum (nicht)?
3. Würden Sie gerne im Marketing arbeiten? Warum (nicht)?
4. Würden Sie gerne in der Forschung arbeiten? Warum (nicht)?
5. Würde es Ihnen gefallen, in der Abteilung Controlling / Buchhaltung zu arbeiten? Warum (nicht)?

e Suchen Sie in den Texten der Lektion 17 möglichst viele Zusammensetzungen mit den Nomen aus dem Schüttelkasten und schreiben Sie sie mit Artikeln in Ihr Heft. Achten Sie auf das Fugen-s.

Bildung | Stunde | Erfahrung | Gehalt | Kenntnis | Studium | Sprache | Ware | Zeit | Schicht | Kosten | Leistung | Bewerbung

die Weiterbildung, der Fortbildungskurs, der Ausbildungsweg, …

Das Fugen-s steht im Allgemeinen
- bei Zusammensetzungen mit Wörtern auf -tum, -ling, -ion, -tät, -heit, -keit, -schaft, -sicht, -ung
- bei Zusammensetzungen, deren erster Bestandteil auf -en endet

5 Mein Praktikum

a Johanna und Tom berichten Laura über ihr Praktikum. Lesen Sie die E-Mails und kreuzen Sie an. Was ist richtig (r)? Was ist falsch (f)?

> Liebe Laura,
> danke nochmal für deinen Tipp, ein Praktikum bei „topdesign" zu machen. Mir gefällt es hier wirklich gut und ich habe in den zwei Wochen, die ich jetzt hier bin, schon viel gelernt. Auch der Chef und die Kollegen sind super. Hast du mal Zeit? Dann erzähle ich dir alles ☺ LG, Johanna

Hallo Laura,
ich würde dich gern um einen Ratschlag bitten, wenn du mal Zeit hast. Du weißt doch, dass ich vor einer Woche mit meinem Praktikum angefangen habe. Leider läuft es gar nicht gut. Der Chef ist schrecklich, ich muss sogar samstags und sonntags arbeiten, aber ich lerne überhaupt nichts Nützliches in dieser Firma. Vielleicht hast du einen Tipp für mich? LG, Tom

           r   f

1. Laura hat Johanna eine Empfehlung gegeben. [X] [ ]
2. Johanna möchte Laura in zwei Wochen treffen. [ ] [ ]
3. Tom hofft, dass Laura ihm helfen kann. [ ] [ ]
4. Tom ist zufrieden mit seinen Arbeitszeiten. [ ] [ ]

b Ordnen Sie die unten stehenden Sätze zu.

1. Wie kann man auf eine E-Mail reagieren?
2. Wie kann man Ratschläge geben?
3. Wie kann man einen Termin für ein Treffen vereinbaren?

[1] Danke für deine Mail.
[ ] Wenn du willst, können wir uns in den nächsten Tagen treffen. Wie wäre es mit morgen Abend in unserer Stammkneipe?
[ ] Schade, dass du keinen guten Praktikumsplatz gefunden hast.
[ ] Du solltest mal mit dem Personalchef sprechen.
[ ] Es freut mich, dass das Praktikum dir Spaß macht.
[ ] Du könntest doch das Praktikum sofort beenden und dir eine neue Firma suchen.
[ ] Es tut mir leid, dass es bei dir nicht so gut läuft.
[ ] Ich rate dir, dich beim nächsten Praktikum vorher über die Arbeitszeiten zu informieren.
[ ] Hast du am Montagabend Zeit?
[ ] Über deine Mail habe ich mich echt gefreut.
[ ] Sollen wir uns gegen 20 Uhr im „Kaffeehaus am Markt" treffen?
[ ] Schön, dass du endlich einen Praktikumsplatz gefunden hast.

c Schreiben Sie nun zwei Antwortmails an Johanna und Tom. Verwenden Sie die Sätze aus 5b.

Liebe Johanna,
über deine Mail habe ich mich echt gefreut…

Lieber Tom,
danke für deine Mail…

6 Wie schreibt man richtig? – Die Silbentrennung

a Trennen Sie die Wörter aus dem Schüttelkasten.

Herstellung | Verpackung | Überstunde | Produktion | Fortbildung | Vertrieb | Tätigkeit | Eigentümer

Her-stel-lung, …

b Bilden Sie Verben aus den Nomen aus 6a. Bei manchen Nomen geht das nicht. Streichen Sie sie.

1. die Herstellung: *herstellen*
2. die Verpackung: _____
3. die Überstunde: _____
4. die Produktion: _____
5. die Fortbildung: _____
6. der Vertrieb: _____
7. die Tätigkeit: _____
8. der Eigentümer: _____

einundsiebzig 71

18 Endlich Semesterferien!

1 Beliebt oder unbeliebt? – Antonyme

Verneinen Sie und verwenden Sie das Gegenteil der fettgedruckten Adjektive.

1. Warst du mit deinem letzten Urlaub **zufrieden**? – Nein, gar nicht. Ich war sogar sehr _unzufrieden_ .
2. Hast du in einer **preiswerten** Pension übernachtet? – Nein, in einem schicken Hotel. Das war ziemlich _____.
3. Hast du dieses Jahr wieder **lange** Urlaub am Mittelmeer gemacht? – Nein, dieses Jahr war mein Urlaub nur sehr _____. Das Geld reichte nur für eine Woche an der Nordsee.

2 „nicht" oder „un-"? – Die Negation von Adjektiven

Formulieren Sie die Sätze negativ.

ÜB B 2a

1. Der letzte Urlaub war toll.
   Der letzte Urlaub war nicht toll.
2. Wir hatten viel Spaß.
3. Unser Hotel war gemütlich.
4. Die Zimmer waren ordentlich und sauber.
5. Das Personal war freundlich und hilfsbereit.
6. Das Essen war reichhaltig und lecker.
7. Das Angebot an Freizeitaktivitäten war interessant.
8. Insgesamt war es ein schönes Erlebnis.

3 Urlaubstypen

Was passt zu welchem Urlaubstyp? Ordnen Sie zu. Einige Elemente passen zu mehreren Kategorien.

chillen | Couchsurfing machen | die große weite Welt entdecken | fremde Länder kennenlernen | im Zelt übernachten | in den Bergen klettern | in einer Jugendherberge übernachten | Körper und Geist verwöhnen lassen | mit dem Rad am Rhein entlang fahren | Kulturveranstaltungen besuchen | mit dem Rucksack durch den Bayerischen Wald wandern | Stadtbesichtigungen machen | auf der Ostsee segeln | an einer Stadtrundfahrt teilnehmen

Fernreise	Aktivurlaub	Wellnessurlaub	Städtereise

4 Urlaubsziele – Vergleichssätze

a Ergänzen Sie die fehlenden Formen.

	Komparativ	Superlativ			Komparativ	Superlativ
1. schön	_schöner_		5.		näher	
2.	mehr		6.			am besten
3.		am ältesten	7. gern		
4. oft			8.		teurer	

72 zweiundsiebzig

b Was antworten Sie? Kreuzen Sie an.

1. Sollen wir Urlaub an der Nordsee oder an der Ostsee machen?
   a. ☐ Ich finde Urlaub an der Nordsee schöner als an der Ostsee.
   b. ☐ Ich finde Urlaub an der Ostsee schöner als an der Nordsee.
   c. ☐ Ich finde Urlaub an der Nordsee genauso schön wie an der Ostsee.

2. Welche Stadt findest du interessanter, Berlin oder München?
   a. ☐ Ich finde Berlin interessanter als München.
   b. ☐ Ich finde München interessanter als Berlin.
   c. ☐ Ich finde Berlin genauso interessant wie Berlin.

3. Was ist dir lieber, Entspannung oder sportliche Aktivitäten?
   a. ☐ Ich möchte mich lieber entspannen als Sport zu machen.
   b. ☐ Ich möchte lieber Sport machen.
   c. ☐ Ich finde Entspannung genauso wichtig wie sportliche Aktivitäten.

4. Was ist billiger, ein Urlaub in Deutschland oder in deinem Heimatland?
   a. ☐ Ich glaube, Urlaub in Deutschland ist teurer als in meinem Heimatland.
   b. ☐ Ich glaube, bei uns kann man billiger Urlaub machen als in Deutschland.
   c. ☐ Urlaub bei uns ist genauso teuer wie in Deutschland.

c Ergänzen Sie „als" oder „wie".

1. ○ Auf Kreta ist es doch wirklich schöner _als_ [1] auf Korsika!
   ● Das meinst du! Ich finde das Meer auf Korsika genauso schön ____ [2] auf Kreta. Korsika ist aber besser, weil es näher für uns ist ____ [3] Kreta.

2. ○ Ein Deutschland-Urlaub ist einfach nicht so teuer ____ [4] eine Fernreise.
   ● Stimmt, der ist sicher billiger ____ [5] eine Reise z.B. nach Hawaii.
   ○ Aber an den deutschen Stränden gibt es nicht so schöne Wellen zum Surfen ____ [6] auf Hawaii.

3. ○ Die Balearen sind bei den Deutschen beliebter ____ [7] die Nordseeinseln.
   ● Meinst du? Ich glaube, nach Sylt und Amrum fahren genauso viele Leute ____ [8] nach Mallorca und Ibiza.
   ☐ Und auch die Ostseeinseln sind nicht weniger beliebt ____ [9] die im Mittelmeer.

d Die Nordseeinseln. Schreiben Sie Vergleichssätze mit „als" oder „wie".

1. Die Insel Sylt ist sehr groß. Das habe ich nicht gedacht.
   Die Insel Sylt ist größer, als ich gedacht habe.

2. Am Strand gibt es viele Kite-Surfer. Es gibt auch viele Strandspaziergänger.
   Am Strand gibt es genauso viele Kite-Surfer wie Strandspaziergänger.

3. Auf der Insel Amrum gibt es viel Wald. Auf den anderen Nordseeinseln gibt es nicht so viel.

4. Auf der Insel Föhr kann man gut reiten. Das habe ich nicht erwartet.

5. Der Bade- und Surfstrand der Insel Langeoog ist attraktiv. Das habe ich mir so vorgestellt.

6. Auf der Insel Norderney gibt es schon lange Tourismus. Auf den anderen Inseln nicht so lange.

7. Die Insel Borkum liegt weit draußen in der Nordsee. Das habe ich nicht gedacht.

8. Im Norden der Insel Juist kann man schön spazieren gehen. Das habe ich erwartet.

18

5 Indefinitpronomen

a Was antworten Sie? Kreuzen Sie an.

1. Möchten Sie einen Reiseleiter?
   a. ☐ Ja, ich möchte einen.
   b. ☐ Nein, ich brauche keinen.
2. Wünschen Sie sich Wellness-Angebote im Hotel?
   a. ☐ Ja, ich wünsche mir welche.
   b. ☐ Nein, ich wünsche mir keine.
3. Möchten Sie eine Reisegruppe?
   a. ☐ Ja, ich möchte eine.
   b. ☐ Nein, ich möchte keine.
4. Wünschen Sie sich am Strand ein Restaurant?
   a. ☐ Ja, ich wünsche mir eins.
   b. ☐ Nein, ich brauche keins.

b Lesen Sie den Tipp im Übungsbuch B, Aufgabe 5b, und formulieren Sie Dialoge wie im Beispiel.

1. ein Hotel suchen | ? | mit Schwimmbad
   ○ *Ich suche ein Hotel.*
   ● *Was für eins?*
   ○ *Eins mit Schwimmbad.*
2. eine Wanderkarte brauchen | ? | vom Allgäu
   ○ _____
   ● _____
   ○ _____
3. einen Reiseführer suchen | ? | aktuell
   ○ _____
   ● _____
   ○ _____
4. eine Reisetasche brauchen | ? | aus Leder
   ○ _____
   ● _____
   ○ _____
5. ein Restaurant suchen | ? | mit vegetarischem Essen
   ○ _____
   ● _____
   ○ _____
6. einen Badeanzug suchen | ? | rot
   ○ _____
   ● _____
   ○ _____

c Was trifft auf Sie zu? Kreuzen Sie an.

1. In was für einer Stadt möchtest du Urlaub machen?
   a. ☐ In einer am Meer.
   b. ☐ In einer in den Bergen.
   c. ☐ In einer mit vielen Museen.
2. In was für einem Restaurant möchtest du essen?
   a. ☐ In einem, das typische deutsche Gerichte anbietet.
   b. ☐ In einem, in dem es internationale Küche gibt.
   c. ☐ In einem, das auch vegetarische Gerichte anbietet.
3. Mit was für einer Fluggesellschaft möchtest du in den Urlaub fliegen?
   a. ☐ Mit einer, die günstig ist.
   b. ☐ Mit einer, die Direktflüge anbietet.
   c. ☐ Mit einer, die einen guten Service hat.

6 Ein Anruf im Hotel

Ordnen Sie die Fragen den passenden Antworten zu.

1. ○ Gibt es einen Parkplatz in der Nähe?
2. ○ Bieten Sie auch vegetarische Gerichte an?
3. ○ Gibt es in allen Zimmern kostenloses Wlan?
4. ○ Haben Sie ein Doppelzimmer frei?
5. ○ Gibt es Getränke auf den Zimmern?
6. ○ Wie weit ist es bis zum Strand?
7. ○ Kann man Lunchpakete bekommen, wenn man tagsüber unterwegs ist?

a. ☐ ● Ja, aber nur noch mit zwei Einzelbetten. Die anderen sind schon ausgebucht.
b. ☐ ● Ja, es gibt eine Minibar.
c. *1* ● Ja, wir haben eine Tiefgarage.
d. ☐ ● Das sind nur ein paar Minuten.
e. ☐ ● Auf unserem reichhaltigen Buffet gibt es auch fleischlose Gerichte.
f. ☐ ● Das machen wir gerne. Sie müssen uns nur am Abend vorher Bescheid geben.
g. ☐ ● Selbstverständlich. In unseren Aufenthaltsräumen stehen auch mehrere Computer für unsere Gäste.

74 vierundsiebzig

7 Ab in den Urlaub! – Texte strukturieren

Sie bereiten eine Urlaubreise vor. Was machen Sie zuerst, wenn Sie eine Reise planen? Nummerieren Sie. Schreiben Sie einen Text und strukturieren Sie ihn mit „zuerst", „dann", „danach", „schließlich", „nun".

eine Check-Liste schreiben | Informationen im Internet suchen | meine Freunde fragen, ob sie Tipps geben können | Unterkunft buchen | ~~ein Reiseziel wählen~~ | die Angebote der verschiedenen Unterkünfte vergleichen | Flug buchen

Zuerst wähle ich ein Reiseziel.

8 Temporale Nebensätze mit „wenn" und „als"

a Wann benutzt man „wenn", wann „als"? Lesen Sie die Regeln und kreuzen Sie an.

	wenn	als
1. Ein Ereignis, das einmal in der Vergangenheit passiert ist.	☐	☐
2. Ein Ereignis, das mehrmals in der Vergangenheit passiert ist.	☐	☐
3. Ein Ereignis, das einmal oder mehrmals in der Gegenwart oder Zukunft passiert.	☐	☐

b „Wenn" oder „als"? Ergänzen Sie die Sätze und notieren Sie die passende Regel aus 8a.

	Regel
1. Wir recherchieren im Internet, _wenn_ wir ein bestimmtes Reiseziel haben.	_3_
2. Jedes Mal _____ wir im Reisebüro waren, bekamen wir gute Tipps.	☐
3. Immer _____ wir eine Reise planen, machen wir eine Check-Liste.	☐
4. Wir freuten uns sehr, _____ wir die Reise endlich buchen konnten.	☐
5. Wir fahren sofort los, _____ wir das Auto gepackt haben.	☐
6. Immer _____ wir losfuhren, hatten wir gute Laune.	☐
7. Wir gehen sofort in ein Restaurant, _____ wir am Urlaubsort ankommen.	☐

c Lesen Sie die Mail und ergänzen Sie „wenn" oder „als".

Lieber Pedro,
Klara und ich verbringen einen tollen Urlaub in Südtirol! Es gibt so viele tolle Aktivitäten. Immer _wenn_ [1] wir Lust auf Sport haben, gibt es etwas, das uns Spaß macht. _____ [2] wir ankamen, haben wir uns gleich nach den Sportmöglichkeiten erkundigt. Sie haben hier Boote und schöne Rad- und Wanderwege. Wir sind schon viel gewandert, und nur eine Sache ist nicht ganz so toll: Jedes Mal _____ [3] wir zurückgekommen sind, hatte ich Knieschmerzen. Deshalb wünsche ich mir jetzt, dass es an einem Tag mal regnet, denn _____ [4] es regnet, können wir im Hotel bleiben und uns ausruhen. _____ [5] ich das Hotel hier gebucht habe, hatte ich schon vermutet, dass es ein prima Urlaub wird. Komm doch nächstes Jahr mit, _____ [6] du Zeit hast! LG, Marco

d Wo haben die Touristen in Berlin am meisten Spaß? Verbinden Sie die Touristen mit den passenden Orten.

1. moderne Architektur lieben
2. gern shoppen gehen
3. Kunst mögen
4. sich für die Teilung der Stadt interessieren
5. klassische Musik mögen
6. ein großer Fußballfan sein
7. sich für Meeresbiologie interessieren
8. gern feiern gehen

a. ☐ ins Mauermuseum gehen
b. ☐ ein Spiel im Fußballstadion sehen
c. ☐ ins Aquarium gehen
d. ☐ 1 die Neubauten am Potsdamer Platz anschauen
e. ☐ in die Bars im Zentrum gehen
f. ☐ in die Geschäfte am Kurfürstendamm gehen
g. ☐ die Alte Nationalgalerie besuchen
h. ☐ ein Konzert in der Philharmonie besuchen

18

e Schreiben Sie Sätze mit den Elementen aus 8d.

1. *Wenn man moderne Architektur liebt, sollte man die Neubauten am Potsdamer Platz anschauen.*
2.
3.
4.
5.
6.
7.
8.

f Welche Aktivitäten in 8d finden Sie interessant?

Ich finde es interessant, ins Aquarium zu gehen. …
Ich finde es nicht so interessant, ….

g Bringen Sie die Sätze in die richtige Reihenfolge. Markieren Sie Redemittel, die Sie auch in anderen Urlaubsberichten verwenden können. Schreiben Sie eine Mail über eine Wanderung in Ihr Heft.

Außerdem ist jetzt auch das Wetter gut. | Als wir zum ersten Mal unterwegs waren, sind wir acht Stunden gewandert, und ich hatte am nächsten Tag starken Muskelkater. | Wir sehen uns bald zu Hause! Liebe Grüße, Anna | Aber die Anstrengung lohnt sich, denn die Aussicht, wenn man auf dem Berg ist, ist einfach spektakulär. | ~~Liebe Pia, die Südtiroler Dolomiten sind ein echtes Wanderparadies und wir wandern jeden Tag.~~ | Übermorgen ist leider schon unser letzter Urlaubstag hier in den Bergen. | Als wir ankamen, war es leider nicht so schön, aber inzwischen scheint jeden Tag die Sonne und am Abend sehen wir fantastische Sonnenuntergänge. | Danach haben wir nicht mehr so lange Touren gemacht und ich habe immer eine Pause gemacht, wenn ich müde war. | Aber nächstes Jahr wollen wir wiederkommen.

Liebe Pia,
die Südtiroler Dolomiten sind ein echtes Wanderparadies und wir wandern jeden Tag.

9 Das wird super! – Die Bedeutung von „werden"

a Welche Bedeutung hat „werden": a oder b? Kreuzen Sie an.

1. „werden" + Nominativergänzung (z. B. Es wurde ein Traumurlaub.)
   a. [X] Entwicklung / Veränderung b. [ ] etwas wird gemacht
2. „werden" + Adjektiv (z. B. Das wird fantastisch.)
   a. [ ] Entwicklung / Veränderung b. [ ] etwas wird gemacht
3. „werden" + Partizip (z. B. Der Flug wird gebucht.)
   a. [ ] Entwicklung / Veränderung b. [ ] etwas wird gemacht

b Ergänzen Sie die Dialoge. Antworten Sie im Präsens.

beim Fliegen schlecht werden | ~~ein fantastisches Erlebnis werden~~ | eine Traumreise werden | Lehrer werden | das Wetter besser werden | wütend werden

1. ○ Freust du dich auf den Tandemsprung? ● Ja, _das wird bestimmt ein fantastisches Erlebnis._
2. ○ Regnet es morgen? ● Nein, _____
3. ○ Freut ihr euch auf die Reise? ● Ja, ich glaube, das _____
4. ○ Macht Jonas auch einen Tandemsprung? ● Nein, ihm _____
5. ○ Was ist mit Paul los? Hat er sich geärgert? ● Ja. Er _____, wenn er eine schlechte Note schreibt.
6. ○ Ich habe gehört, Sven studiert Germanistik. ● Ja, er möchte _____

c Ergänzen Sie die Dialoge. Antworten Sie im Perfekt.

immer ruhiger werden | krank werden | sein Lebensstil werden | fertig werden | ~~vor Angst ganz blass werden~~ | sehr schön werden

1. ○ Hatte Pia Angst? ● Ja, sie _ist vor Angst ganz blass geworden._
2. ○ Wie sehen die Fotos aus? ● Sie _____
3. ○ Wart ihr die ganze Zeit nervös? ● Nein, wir _____
4. ○ Ist Rudi ein Profi beim Fallschirmspringen? ● Ja, Fliegen _____
5. ○ Ist Theo am Samstag mitgekommen? ● Nein, er _____ und es ging ihm nicht so gut.
6. ○ Wie weit seid ihr mit dem Referat? ● Kein Problem. Wir _____ gestern _____

d Wie baut man ein Zelt auf? Formen Sie die Aktivsätze ins Passiv um.

1. Zuerst legt man das Zelt auf dem Boden aus.
   → _Zuerst wird das Zelt auf dem Boden ausgelegt._
2. Dann steckt man die Zeltstangen zusammen und schiebt sie durch die Kanäle am Zelt.
   → _____
3. Nun fixiert man das Zelt mit Heringen am Boden.
   → _____
4. Danach steckt man die Enden der Stangen in die Halterungen an den vier Ecken des Zelts.
   → _____
5. Jetzt richtet man das Zelt auf.
   → _____
6. Schließlich befestigt man die Leinen mit Heringen am Boden.
   → _____

10 Wie schreibt man richtig? – Lange und kurze Vokale

Ergänzen Sie „e" – „ee" – „eh" – „ä" – „äh".

1. s_eh_r
2. L____rer
3. f____llt
4. gef____rlich
5. n____men
6. kl____ttern
7. l____sen
8. M____r
9. F____hre
10. k____nnen
11. st____len
12. S____
13. Z____lt
14. sp____t
15. Schn____
16. h____rrlich
17. m____nnlich
18. Pl____tze

„e" oder „ä": Bilden Sie bei Verben den Infinitiv (z. B. fährt → fahren) und bei Nomen den Singular (z. B. Männer → Mann). Bei Wörtern, die auch im Singular „ä" haben, achten Sie auf die Wortfamilie (z.B. das / die Gebäude → bauen)

L Lösungen

9 Ein Grund zum Feiern

1 2d • 3c • 4e • 5b • 6a • 7e

2a

Nom.	ich	du	er	es	sie	wir	ihr	sie/Sie
Akk.	mich	dich	ihn	es	sie	uns	euch	sie/Sie
Dativ	mir	dir	ihm	ihm	ihr	uns	euch	ihnen/Ihnen

2b 2g ihn • 3i ihm • 4j uns • 5b ihr • 6h sie • 7a dir • 8d sie • 9f euch • 10c ihnen

2c 2. Ja, er schickt ihr Grüße. • 3. Ja, sie wollte sie gerade anrufen. • 4. Ja, sie soll ihn mitbringen. • 5. Nein, er kann nicht zu ihr mitkommen. • 6. Ja, sie dankt ihr für die Glückwünsche. • 7. Ja, sie kann bei ihr übernachten. • 8. Ja, sie machen am Samstag eine Party. • 9. Sie ist morgen Abend. • 10. Ja, sie kann ihr helfen.

3a 2g • 3e • 4h • 5a • 6b • 7f • 8j • 9d • 10i

3b … ist alles super, und ich habe eine tolle Nachricht: Ich habe meinen Master geschafft! Nach einem Jahr Lernstress kann ich endlich wieder feiern und entspannen. Nächsten Samstag um 20 Uhr mache ich zusammen mit drei Kommilitonen eine große Party. Wir haben extra ein Restaurant gemietet und es kommen viele Leute. Hast du Zeit und Lust? Wir haben uns so lange nicht gesehen! Ich hoffe, du kannst auch kommen. Du kannst auch Freunde mitbringen, wir haben viel Platz ;-) Essen und Trinken gibt es auch genug. Bitte gib mir bald eine Antwort. Liebe Grüße, Ronja

3c *Mögliche Lösungen:* **Zusage:** Liebe Ronja, herzlichen Glückwunsch zum Examen. Danke für die Einladung zur Party. Ich komme gern, aber ein bisschen später, denn … . Ich möchte gern … mitbringen. Ist das okay? Ich freue mich auf nächsten Samstag. Liebe Grüße

Absage: Liebe Ronja, herzlichen Glückwunsch zum Examen. Danke für die Einladung zur Party. Leider kann ich nicht kommen, denn … . Ich hatte in letzter Zeit auch viel Arbeit, denn … . Ich möchte dich sehr gerne an einem anderen Tag sehen. Hast du … Zeit? Liebe Grüße

3d Liebe / Lieber …, wie geht es dir? Bei mir ist alles gut. Im letzten Semester habe ich viel gelernt und deshalb habe ich nicht viel Zeit gehabt. Aber jetzt sind Semesterferien und ich kann endlich entspannen. Am nächsten Freitagabend mache ich eine große Geburtstagsparty. Die Party findet bei mir zu Hause statt. Ich habe viele Leute eingeladen. Hast du Zeit und Lust? Ich hoffe, du kannst kommen. Du kannst gern Freunde mitbringen, denn es gibt genug Essen und Trinken. Bitte gib mir bald eine Antwort! Liebe Grüße

4 2. Wen hat Sophia eingeladen? • 3. Wer wird am Samstag 60? • 4. Was hat Sophia geschafft? • 5. Bei wem übernachtet Nele am Samstag? • 6. Für wen sind die Geschenke? • 7. Wem hat Nele Glückwünsche geschickt? • 8. Zu wem gehen die Freunde am Samstag? • 9. Mit wem feiert Sophia ihren Abschluss? • 10. Bei wem ist die Party?

5a 2. Professoren • 3. schwarzen • 4. schwarzer • 5. populär • 6. Studenten • 7. Brauch • 8. konservative • 9. Universitäten • 10. heutigen • 11. letzten • 12. vielen • 13. modern • 14. Hochschulen • 15. feierliche • 16. viele • 17. schwarzen • 18. schwarzes • 19. Barett • 20. Talare • 21. konservativ • 22. Gewohnheiten

5b Lisa: Hallo Nils! Lange nicht gesehen. Wie geht es dir? • Nils: Richtig gut. Hast du schon gehört? Sophia und ich haben unseren Master geschafft. • Lisa: Das ist ja toll. Und wie ist es gelaufen? Habt ihr ein gutes Ergebnis bekommen? • Nils: Ja, wir haben beide gute Noten bekommen. Das viele Lernen war nicht umsonst. • Lisa: Das freut mich, ich gratuliere dir. Und was hast du jetzt vor? • Nils: Ich schreibe schon Bewerbungen und hoffe, ich finde schnell einen Job. • Lisa: Und Sophia? Hat sie schon eine Stelle? • Nils: Nein, sie sucht auch noch. Aber warum fragst du sie nicht selbst? Nächsten Samstagabend machen wir zusammen eine große Party. Die Party ist bei Sophia zu Hause. Hast du Zeit? • Lisa: Ja klar, sehr gern. Wer weiß, vielleicht zieht ihr bald in eine andere Stadt. Da müssen wir uns vorher alle nochmal sehen. • Nils: Das finde ich auch, super. Dann bis nächsten Samstag. • Lisa: Bis dann!

6a

	Maskulinum (M)	Neutrum (N)	Femininum (F)	P (M, N, F)
N	ein/kein/mein schwarzer Talar	ein/kein/mein tolles Foto	eine/keine/meine schöne Feier	stolze Eltern / meine/keine stolzen Eltern
A	einen/keinen/meinen schwarzen Talar	ein/kein/mein tolles Foto	eine/keine/meine schöne Feier	stolze Eltern / meine/keine stolzen Eltern
D	einem/keinem/meinem schwarzen Talar	einem/keinem/meinem tollen Foto	einer/keiner/meiner schönen Feier	stolzen Eltern / meinen/keinen stolzen Eltern

6b 2. großen • 3. frischen • 4. stolzen • 5. langes • 6. langen • 7. elegante • 8. neuen • 9. dunklen • 10. interessante • 11. schwarzen • 12. schwarzen • 13. schönes • 14. tollen

6c 2. glückliche • 3. hellen • 4. fröhliche • 5. Heiligen • 6. guten • 7. kalte • 8. armer • 9. trauriger • 10. warme • 11. warmen • 12. lange • 13. Heiligen • 14. leckere • 15. bunten • 16. warmes • 17. leckeren • 18. schöne

7 2. Kaltes • 3. Süßes • 4. Vegetarisches • 5. Veganes • 6. Alkoholisches

8 2b • 3a • 4c • 5a • 6a

9a das Neujahrsfest, -e • der Brauch, ¨-e • der Ball, ¨-e • die Bescherung, -en • die Tradition, -en • der Schmuck, -e (Plural selten) • der Geburtstag, -e • das Weihnachten, - • das Festessen, -

9b 2e • 3j • 4l • 5h • 6n • 7k • 8g • 9f • 10m • 11d • 12b • 13i • 14a
Feste: Advent / Weihnachtszeit: 1, 4, 6, 8, 11, 13 • **Oster:** 2, 7, 10, 12 • **Erntedank:** 3, 5, 9, 14

10a **n-Deklination:** dem Touristen, dem Praktikanten, dem Kollegen, dem Menschen, dem Franzosen, dem Polizisten, dem Patienten, dem Studenten, dem Pädagogen, dem Fotografen, dem Nachbarn, dem Automaten, dem Osterhasen, dem Bären, dem Jungen, dem Psychologen, dem Doktoranden • „normale" **Deklination:** dem Zug, dem Vater, dem Geburtstag, dem Brauch, dem Onkel, dem Weihnachtsmann, dem Reiseführer, dem Tod, dem Löffel, dem Motor, dem Arzt, dem Lehrer

10b 2. Der Arzt spricht mit dem Jungen. • 3. Frau Müller ruft den Nachbarn an. • 4. Herr Meier hilft dem Praktikanten • 5. Mein Neffe kennt den Psychologen. • 6. Die Professorin fragt den Studenten. • 7. Der Polizist ruft meinen Nachbarn. • 8. Der Assistent redet mit unserem Kommilitonen.

11a Hallo Nele, kannst du mir helfen? Ich möchte meiner Mutter ein Theaterticket zum Geburtstag schenken. Kannst du mir ein Theaterstück empfehlen? LG Marco • Hallo Marco, du schenkst ihr einen Theaterbesuch? Gute Idee. Nächste Woche läuft Hamlet im Schauspielhaus, das gefällt ihr sicher. Wann willst du ihr das Ticket geben? LG Nele • Danke, Nele, perfekt! Ich gebe es ihr am Samstag bei der Feier. Und was schenkst du Sophia zum Abschluss? LG Marco • Ich habe ihr ein Armband gekauft. Sie hat es mir letzte Woche in einem Laden gezeigt, es hat ihr sehr gefallen. LG Nele • Ein Armband? Ich möchte meiner Schwester einen Ring zu Weihnachten schenken. Sagst du mir den Namen von dem Laden? LG Marco • Ich weiß den Namen nicht mehr, aber ich kann dir den Weg beschreiben. Aber willst du mich nicht lieber anrufen? Dann erkläre ich es dir. LG Nele • Natürlich. Jetzt gleich

11b 1. Ich möchte meiner Schwester einen Ring zu Weihnachten schenken. • 2. Ich gebe es ihr am Samstag bei der Feier. • Sie hat es mir letzte Woche in einem Laden gezeigt, es hat ihr sehr gefallen. • Dann erkläre ich es dir. • 3. Kannst du mir ein Theaterstück empfehlen? • Hallo Marco, du schenkst ihr einen Theaterbesuch? • Wann willst du ihr das Ticket geben? • Ich habe ihr ein Armband gekauft. • Sagst du mir den Namen von dem Laden? • Ich kann dir den Weg beschreiben.

11c 2. Ich schenke meinem Bruder ein Buch. • 3. Ich schenke meiner Schwester eine Gitarre. • 4. Ich schenke meinem Vater einen Topf. • 5. Ich schenke meinem Opa Handschuhe. • 6. Ich schenke meinen Eltern eine Katze.

11d 2. Ich schenke es meinem Bruder. • 3. Ich schenke sie meiner Schwester. • 4. Ich schenke ihn meinem Vater. • 5. Ich schenke sie meinem Opa. • 6. Ich schenke sie meinen Eltern.

11e 2. Ich schenke ihm ein Buch. • 3. Ich schenke ihr eine Gitarre. • 4. Ich schenke ihm einen Topf. • 5. Ich schenke ihm Handschuhe. • 6. Ich schenke ihnen eine Katze.

11f 2. Ich schenke es ihm. • 3. Ich schenke sie ihr. • 4. Ich schenke ihn ihm. • 5. Ich schenke sie ihm. • 6. Ich schenke sie ihnen.

12 1. gemütlich • 2. richtig • 3. germanisch • 4. christlich • 5. keltisch • 6. wichtig • 7. persönlich • 8. langweilig • 9. telefonisch • 10. wahrscheinlich • 11. kirchlich • 12. typisch • 13. höflich • 14. sportlich • 15. schwierig • 16. möglich

10 Neue Arbeit – neue Stadt

1 2. Quartier • 3. gelegen • 4. Ausblick • 5. Mieten • 6. hoch • 7. Nachteil • 8. zentral • 9. Lage • 10. Altstadt • 11. vermieten • 12. außerhalb • 13. Kreis • 14. Verkehrsverbindungen • 15. Einkaufsmöglichkeiten • 16. Kaufhäuser

2a 2. Das Quartier ist nicht zentral gelegen, sondern (es liegt) außerhalb. • 3. Die Miete ist nicht hoch, sondern (sie ist) günstig. • 4. Die Wohnung hat keine separate Toilette, sondern nur ein Badezimmer mit Toilette. • 5. Die Wohnung ist nicht möbliert, sondern nur teilmöbliert. • 6. Die Wohnung ist nicht mit Terrasse, sondern sie hat einen Balkon. • 7. Die Räume sind nicht dunkel, sondern hell. • 8. Die Räume sind nicht alt, sondern renoviert.

2b 2. Herr Studer arbeitet nicht in Zürich, sondern in Genf. • 3. Lara und Andrea wollen kein Bad ohne Fenster haben, sondern eins mit Fenster. • 4. Lara und Andrea ziehen nicht im August um, sondern wollen bis September warten. • 5. Herr Studer hat keinen kleinen Balkon, sondern eine große Dachterrasse. • 6. Lara und Andrea wohnen nicht getrennt, sondern zusammen.

2c 2g 3e 4a 5h 6b 7f 8c 2. Die Wohnung liegt außerhalb, aber die Verkehrsverbindungen sind sehr gut. • 3. Im Winter können wir die Heizung benutzen, oder wir benutzen den Kamin. • 4. Man bekommt hier nur schwer eine Wohnung, denn die Vermieter vermieten meist an Freunde. • 5. In der Bahnhofstraße sind die Mieten hoch und es gibt nicht viele Wohnungen. • 6. Zur Arbeit fahren wir nicht mit dem Auto, sondern wir gehen zu Fuß. • 7. Ich möchte nicht im Zentrum wohnen, sondern lieber in der Natur. • 8. Manche Leute arbeiten in der Schweiz, aber sie wohnen in Deutschland.

3a

Positiv	Komparativ	Superlativ
groß	größer	am größten
klein	kleiner	am kleinsten
schön	schöner	am schönsten
viel	mehr	am meisten
gut	besser	am besten
dunkel	dunkler	am dunkelsten
teuer	teurer	am teuersten
hoch	höher	am höchsten
modern	moderner	am modernsten

3b 3. Zürich ist größer als Genf. • 4. Martin ist älter als Andrea. • 5. Bern ist so schön wie Genf. • 6. Enge ist so zentral wie Riesbach. • 7. Ein Garten ist besser als ein Balkon. • 8. Ein Neubau ist moderner als ein Altbau.

3c 2. Der Ausblick auf die Altstadt ist schöner als der Ausblick auf den See. • 3. Die Verkehrsverbindung im Stadtzentrum ist besser als die Verkehrsverbindung in Enge. • 4. Die Zimmer in Altbauten sind größer als die Zimmer in Neubauten. • 5. Eine Zentralheizung ist praktischer als ein Kamin. • 6. Wohnungen mit kleinen Fenstern sind dunkler als Wohnungen mit großen Fenstern.

3d 2. Lara arbeitet viel, aber am meisten arbeitet Manuel. • 3. Die Mieten in Lindenhof sind hoch, aber am höchsten sind die Mieten in Seefeld. • 4. Das Museum für moderne Kunst ist interessant, aber am interessantesten ist das Landesmuseum.

3e 2. Andrea ist älter als Lara. Daniel ist am ältesten. • 3. Hamburg ist wärmer als München. Am wärmsten ist Köln.

3f offene Antworten

3g mögliche Antworten: 2. Ich finde Altbauwohnungen gemütlicher als Neubauwohnungen. • 3. Ich fahre lieber mit dem Rad als mit öffentlichen Verkehrsmitteln. • 4. Ich will lieber alleine als in einer WG wohnen. • 5. Eine niedrige Miete ist für mich wichtiger als eine gute Wohnlage. • 6. Ich kaufe Möbel lieber im Möbelgeschäft als auf dem Flohmarkt. • 7. Ich mache die Hausarbeit lieber jeden Tag als am Wochenende. • 8. Ich finde eine Zentralheizung praktischer als einen Kamin.

4a 2. der Familienstand • 3. die Etage / das Stockwerk / der Stock • 4. das Verkehrsmittel • 5. die Möbel • 6. die Himmelsrichtung

4b 2e • 3a • 4f • 5b • 6d

4c 2b • 3c • 4a • 5a • 6b • 7a • 8a

4d 2. Kann ich die Wohnung mal anschauen? • 3. Ich habe noch zwei Fragen: Gibt es eine Parkmöglichkeit? • 4. Das ist gut. Und hat die Wohnung einen Keller? • 5. Sehr schön. Und sagen Sie mir noch die Adresse? • 6. Danke sehr. Dann bis Samstag. Auf Wiederhören.

4e Die Wohnung ist im 3. Stock, im Dachgeschoss. Sie liegt im Quartier Enge. Gestern habe ich den Mietvertrag unterschrieben, er ist unbefristet. Der Stadtteil ist sehr schön und liegt sehr zentral und ich kann zu Fuß zur Arbeit gehen. Die Wohnung ist 58 qm groß und es gibt einen Kamin. Die Miete ist nicht zu hoch: Inklusive Nebenkosten zahle ich CHF 1940. Ich darf Haustiere haben, aber ich muss den Vermieter informieren. Ich bin echt glücklich: Der Vormieter hat uns Möbel geschenkt. Natürlich gibt es auch eine Hausordnung: Im Treppenhaus darf man nicht rauchen und an Sonn- und Feiertagen darf man in der Waschküche keine Wäsche waschen. Wann besuchst du uns? Viele Grüße

5a 2. eure • 3. eure • 4. Euer • 5. eure • 6. euer • 7. mein • 8. seine • 9. eure • 10. mein

5b unbestimmten

neunundsiebzig 79

5c 2. Ist das sein Fahrrad? Nein, das gehört seiner Freundin. Sein Fahrrad ist kaputt. • 3. Ist das ihr Laptop? Nein, das/der gehört ihrem Bruder. Ihr Laptop ist im Arbeitszimmer. • 4. Sind das Ihre CDs? Nein, die gehören meinen Nachbarn. Meine CDs sind in der Tasche. • 5. Ist das euer Keller? Nein, der gehört unserer Nachbarin. Unser Keller ist klein. • 6. Sind das seine Schlüssel? Nein, die gehören seinem Freund. Seine Schlüssel liegen auf dem Tisch.

5d

Besitzer	Besitztum → Possessivpronomen im Nominativ	Besitztum → Possessivpronomen im Akkusativ	Besitztum → Possessivpronomen im Dativ
er	der Keller → seiner das Zimmer → seins die Miete → seine die Möbel → seine	den Keller → seinen das Zimmer → seins die Miete → seine die Möbel → seine	dem Keller → seinem dem Zimmer → seinem der Miete → seiner den Möbeln → seinen
wir	der Keller → unserer das Zimmer → unseres die Miete → unsere die Möbel → unsere	den Keller → unseren das Zimmer → unseres die Miete → unsere die Möbel → unsere	dem Keller → unserem dem Zimmer → unserem der Miete → unserer den Möbeln → unseren
ihr	der Keller → eurer das Zimmer → eures die Miete → eure die Möbel → eure	den Keller → euren das Zimmer → eures die Miete → eure die Möbel → eure	dem Keller → eurem dem Zimmer → eurem der Miete → eurer den Möbeln → euren
sie (Sg. / Pl.)	der Keller → ihrer das Zimmer → ihrs die Miete → ihre die Möbel → ihre	den Keller → ihren das Zimmer → ihrs die Miete → ihre die Möbel → ihre	dem Keller → ihrem dem Zimmer → ihrem der Miete → ihrer den Möbeln → ihren

5e bestimmten
5f 2. unserem • 3. seins • 4. meinem • 5. ihrs • 6. ihrs • 7. meiner • 8. ihren • 1a • 2b
5g 2a • 3a • 4b • 5b • 6a
6 **Sitzmöbel:** der Stuhl, die Stühle, das Sofa, die Sofas • **Möbel zum Aufbewahren:** das Wandregal, die Wandregale, der Schrank, die Schränke, der Kühlschrank, die Kühlschränke, die Kommode, die Kommoden • **Im Bad:** die Badewanne, die Badewannen, das Waschbecken, die Waschbecken • **Maschinen:** die Waschmaschine, die Waschmaschinen • **Sonstiges:** das Bett, die Betten, der Herd, die Herde, der Teppich, die Teppiche, die Lampe, die Lampen

7a über • auf • an • in • hinter • zwischen • vor • neben • unter

7b 2. das • 3. den • 4. das • 5. den • 6. das • 7. das • 8. die • 9. das • 10. den • 11. das • 12. den • 13. die
7c 2. auf dem Schreibtisch • 3. vor dem Schreibtisch • 4. neben dem Schreibtisch • 5. Im Regal • 6. über dem Schreibtisch • 7. auf dem Boden • 8. vor der Couch • 9. zwischen dem Sessel und der Couch • 10. Hinter der Tür • 11. im Bett • 12. unter dem Bett
7d 2a. 2b. • Sie setzt das Kind / Baby auf den Stuhl. • Das Kind / Baby sitzt auf dem Stuhl.
7e 2. gehängt • 3. gelegen • 4. gesessen • 5. gehangen • 6. gelegt • 7. gestellt • 8. gesetzt
7f 2. Die Matratze hat zuerst im Flur auf dem Boden gelegen, dann habe ich sie links von der Tür an die Wand gelegt. • 3. Der Kleiderschrank hat am Anfang neben dem Bett gestanden, dann habe ich ihn rechts neben die Tür gestellt. • 4. Das Regal hat vorher über dem Sofa gehangen, dann habe ich es rechts neben das Fenster gehängt. • 5. Der Teppich hat zuerst im Zimmer gelegen, dann habe ich ihn in den Keller gelegt. • 6. Der Schreibtisch hat am Anfang im Wohnzimmer gestanden, ich habe ihn dann vor das Fenster gestellt.
8 1. Fuß, Füße • 2. Bus, Busse • 3. Gruß, Grüße • 4. Gasse, Gassen • 5. Tasse, Tassen • 6. Hose, Hosen • 7. Adresse, Adressen • 8. Schlüssel, Schlüssel • 9. Sessel, Sessel • 10. Reise, Reisen • 11. Preis, Preise • 12. Größe, Größen

11 Neu in Köln

1a 2. Altstadt • 3. Aschermittwoch • 4. Rosenmontag • 5. Jahreszeiten
1b 2. Der Kölner Dom liegt nah am Rhein. • 3. Die Römer haben vor über 2000 Jahren die Stadt Köln gegründet. • 4. 11% von den Kölner Studenten kommen aus dem Ausland. • 5. Der Kölner Karneval beginnt am 11.11. um 11 Uhr 11 und endet am Aschermittwoch. • 6. Kölner Bürger haben 1388 die Universität gegründet. • 7. Die Türme vom Kölner Dom sind ca. 157 m hoch. • 8. In der Kölner Altstadt kann man viele alte Häuser sehen.
2a 2. dass Köln weit weg von Linz ist. • 3. denn er will weg von zu Hause. • 4. weil er schon einmal als Tourist in Köln gewesen ist. • 5. denn er hat schon viel über den Karneval in Köln gehört. • 6. dass das Studentenleben in Köln sehr interessant ist.
2b 2. Ich studiere bald Wirtschaftsmathematik. • 3. Weil mir Köln gut gefällt. Außerdem wollte ich von zu Hause weg und etwas Neues sehen. 4. • Genau, ich glaube auch, dass Auslandserfahrung heutzutage sehr wichtig ist. • 5. Ein bisschen schon, weil der Kölner Dialekt auch schwer für mich ist. 6. • Das ist gut. Ich hatte schon Angst, dass ich Probleme bekomme, weil ich nichts verstehe. 7. • Alles klar, das machen wir.
2c 2e • denn • 3b • weil • 4a • denn • 5c • denn • 6d • weil
2d Hauptsatz + Nebensatz: 3. Viele Studenten möchten ins Ausland gehen, weil man in einer anderen Kultur leben und eine andere Sprache lernen kann. • 6. Viele Studenten müssen jobben, weil das Leben sehr teuer ist. • **Hauptsatz + Hauptsatz:** 4. Auslandserfahrung ist wichtig, denn sie ist gut für die berufliche Zukunft. • 5. Studenten möchten von zu Hause ausziehen, denn sie wollen das Studentenleben genießen. • 1b • 2a
2e 1. Österreichische Studierende haben in Deutschland den Vorteil, dass sie keine fremde Sprache lernen müssen. • 2. Viele ausländische Studenten hoffen, dass sie einen Platz im Studentenwohnheim bekommen. • 3. Sie hoffen, dass sie das Studium schnell abschließen können. • 4. Sie finden es gut, dass es in

Deutschland Nebenjobs und keine Studiengebühren gibt. • 5. Viele Studenten merken erst im Studium, dass sie das falsche Fach gewählt haben.

2f 2. dass • 3. weil • 4. denn • 5. dass • 6. denn

2g 2. Bernhard hat Eva gesagt, dass die Uni in Köln einen guten Ruf hat. • 3. Er möchte in Köln studieren, weil er jetzt anders leben will. • 4. Bernhard kennt Köln schon, denn er war mit seiner Schwester in Köln. • 5. Ingrid und Bernhard waren in Madrid, weil sie Spanisch gelernt haben. • 6. Bernhard hat Angst, dass er in Köln nichts verstehen kann. • 7. Er hat gehört, dass Eva in einer WG lebt. • 8. Eva kennt Bernhard, weil sie in Madrid zusammen einen Sprachkurs gemacht haben.

2h 2. studieren • 3. ausländischen • 4. deutschen • 5. Vorteile • 6. Sprache • 7. Studiengebühren • 8. Hochschulen • 9. Wintersemester • 10. gestiegen • 11. österreichische • 12. Auslandserfahrung • 13. Sprachprobleme

3 Person 2 fühlt sich nicht wohl • Person 3 fühlt sich wohl • Person 4 fühlt sich wohl • Person 5 fühlt sich nicht wohl

4a 2. Ich wünsche mir / hoffe, dass ich eine günstige Wohnung bekomme. • 3. Ich wünsche mir / hoffe, dass ich neue Freunde kennenlerne. • 4. Ich wünsche mir / hoffe, dass ich einen Nebenjob finde. • 5. Ich wünsche mir / hoffe, dass ich einen Studienplatz an einer guten Universität bekomme. • 6. Ich wünsche mir / hoffe, dass ich mich nicht einsam fühle. • 7. Ich wünsche mir / hoffe, dass ich das Studium erfolgreich abschließe. • 8. Ich wünsche mir / hoffe, dass ich mit einem Praktikum Berufserfahrung sammle. • 9. Ich wünsche mir / hoffe, dass ich nach dem Studium in Deutschland arbeite. • 10. Ich wünsche mir / hoffe, dass ich nach dem Studium in meinem Heimatland eine gute Arbeit finde.

4b offene Antworten

5a 2. Ja, ich erhole mich gerne am Meer. / Nein, ich erhole mich nicht gerne am Meer. • 3. Ja, ich freue mich auf die Ferien. / Nein, ich freue mich nicht auf die Ferien. • 4. Ja, ich unterhalte mich gerne mit meinen Nachbarn. / Nein, ich unterhalte mich nicht gerne mit meinen Nachbarn. • 5. Ja, ich interessiere mich für Politik. / Nein, ich interessiere mich nicht für Politik. • 6. Ja, ich dusche mich jeden Tag. / Nein, ich dusche mich nicht jeden Tag. • 7. Ja, ich erinnere mich noch an meinen Mathematiklehrer. / Nein, ich erinnere mich nicht mehr an meinen Mathematiklehrer. • 8. Ja, ich verliebe mich oft. / Nein, ich verliebe mich nicht oft.

5b 2. Ja, ich wasche mir jeden Tag die Haare. / Nein, ich wasche mir nicht jeden Tag die Haare. • 3. Ja, ich möchte mir ein Auto kaufen. / Nein, ich möchte mir kein Auto kaufen. • 4. Ja, ich schaue mir gerne Dokumentarfilme an. / Nein, ich schaue mir nicht gerne Dokumentarfilme an. • 5. Ja, ich ziehe mir gerne schicke Kleidung an. / Nein, ich ziehe mir nicht gerne schicke Kleidung an. • 6. Ja, ich wünsche mir viele Geschenke zum Geburtstag. / Nein, ich wünsche mir nicht viele Geschenke zum Geburtstag. • 7. Ja, ich kann mir vorstellen, eine Weltreise zu machen. / Nein, ich kann mir nicht vorstellen, eine Weltreise zu machen. • 8. Ja, ich nehme mir immer vor, mehr zu lernen. / Nein, ich nehme mir nicht immer vor, mehr zu lernen.

5c 2. dir • 3. euch • 4. mich • 5. dir • 6. sich • 7. euch • 8. sich • 9. mir • 10. sich

5d 2. Ja, ich habe mich in den letzten Ferien gut erholt. / Nein, ich habe mich in den letzten Ferien nicht gut erholt. • 3. Ja, ich habe mir gestern einen Film angesehen. / Nein, ich habe mir gestern keinen Film angesehen. • 4. Ja, ich habe mich heute schon umgezogen. / Nein, ich habe mich heute noch nicht umgezogen. • 5. Ja, ich habe mir heute Morgen die Zähne geputzt. / Nein, ich habe mir heute Morgen nicht die Zähne geputzt. • 6. Ja, ich habe mich heute schon geduscht. / Nein, ich habe mich heute noch nicht geduscht.

5e 1. ich • mich • 2. dich • Ich • mich • 3. sich • Er • sich • 4. dich • Du • dich • 5. mich • Ich • mich • 6. dich • mich • ihnen • 7. dich • Ich • mich • 8. sich • sich • sie

6a offene Antworten

6b 2. schöne • 3. bedeutendsten • 4. hübschen • 5. alten • 6. traditionellen • 7. leckere • 8. spezielle • 9. lebendigen • 10. berühmte

6c 2. dem schnellen • 3. die neuen • 4. dem studentischen • 5. ein langweiliges • 6. der nächsten • 7. das neue • 8. die alten • 9. die interessanten • 10. der neuen

6d 2. einer kleinen • 3. der schönen • 4. sympathische • 5. Unsere • eine große • 6. ein hübsches • 7. keine • 8. kein separates • 9. ein nettes • 10. einem kleinen • 11. Mein • 12. dem kleinen • 13. eine • 14. mein schönes • 15. eine • 16. das • 17. ein modernes • 18. Mein alter • 19. dem großen • 20. einem schwarzen • 21. Ein großer • 22. den • 23. bequemer • 24. einem niedrigen • 25. dem großen • 26. weißer breiter • 27. Die • modern • 28. das • 29. günstig • 30. eine

7a mögliche Lösung: 2. der Höhepunkt • 3. möglich • 4. zweistöckig • 5. nördlich • 6. möblieren • 7. die Ablöse • 8. böse • 9. persönlich • 10. die Größe

7b persönlich • Brötchen • Lösung • fröhlich • Wörter • köstlich • Söhne • blöd • böse • (Tochter/) Töchter • Röcke • schöner

12 Geldgeschichten

1a 2. der Dauerauftrag, ¨-e • 3. das Online-Banking (kein Plural) • 4. die Zinsen • 5. das Girokonto, -en • 6. der Geldautomat, -en • 7. das Sparkonto, -en • 8. die Überweisung, -en

1b 2. der Dauerauftrag • 3. der Geldautomat • 4. das Online-Banking • 5. die Zinsen • 6. das Sparkonto • 7. die Überweisung • 8. das Konto

1c 2c • 3b • 4c • 5a • 6b

1d 1. der Bankschalter, -, die Bankverbindung, -en, die Bankkauffrau, -en • 2. der Kontostand, ¨-e, das Festgeldkonto, -en, das Sparkonto, -en • 3. der Geldautomat, -en, das Tagesgeldkonto, -en, die Geldkarte, -en

1e Verwendungszweck: Rechnung für Bücherregal • Betrag: 345 € • Begünstigter: Möbelmarkt

2a 2. Wenn man ein Überweisungsformular am Schalter abgibt, kostet eine Überweisung 50 Cent. • 3. Wenn man Geld anlegt, bekommt man Zinsen. • 4. Wenn man Online-Banking macht, kann man Gebühren sparen. • 5. Wenn man sein Konto kontrollieren will, muss man „Kontostand" wählen. • 6. Wenn man Bargeld braucht, kann man es am Geldautomaten abheben.

2b 1a • 2b • Die Bedingung steht im Nebensatz mit „wenn".

2c Wenn ich Geld abheben will, muss ich den Betrag wählen. • Wenn ich Geld abheben will, muss ich die PIN eingeben. • Wenn ich die Karte entnommen habe, kann ich das Geld entnehmen.

2d 2. dass • 3. Wenn • 4. weil • 5. Wenn • 6. dass • 7. weil • 8. wenn

2e Hauptsatz + Nebensatz: Ich finde es toll, dass wir in einem Team arbeiten. • Nächste Woche bin ich nicht im Büro, weil ich einen Termin in Belgien habe. • Ich habe meiner Frau erzählt, dass du aus Brasilien kommst. • Sie möchte dich und deine Familie gern kennenlernen, weil Brasilien ihr Traumland ist. •

einundachtzig 81

L

Besucht uns doch am Samstag, wenn ihr Zeit habt. • **Nebensatz + Hauptsatz:** Wenn du Hilfe brauchst, kannst du mich immer fragen. • Wenn du Lust hast, können wir diese Woche zusammen zu Mittag essen.

2f 2d • 3h • 4a • 5g • 6b • 7c • 8f

2g 2. Dass Online-Kunden eine kostenfreie EC-Karte bekommen, weiß Rui von der Bankangestellten. • 3. Rui findet sehr praktisch, dass er online ein Konto eröffnen kann. • 4. Weil er einige Informationen braucht, geht Rui zur Bank. • 5. Sie brauchen ein Festgeldkonto, wenn Sie Geld langfristig anlegen möchten. • 6. Wenn Sie kostenlos Geld überweisen möchten, benutzen Sie das Online-Terminal. • 7. Rui bekommt 1,5 % Zinsen, wenn er Geld kurzfristig anlegt. • 8. Weil die Banking-App ideal für Reisen nach Brasilien ist, gefällt sie Rui.

3a 2. du antwortest • du antwortetest • du hast geantwortet • 3. er lernt • er lernte • er hat gelernt • 4. wir erleben • wir erlebten • wir haben erlebt • 5. ihr dankt • ihr danktet • ihr habt gedankt • 6. sie fragen nach • sie fragten nach • sie haben nachgefragt

3b 2. Ihr danktet der Buchhändlerin für die Beratung. • 3. Wir erlebten eine große Überraschung. • 4. Er lernte gestern in der Bibliothek. • 5. Du antwortetest mir nicht. • 6. Ich fragte nach dem Weg zur Parfümerie.

3c

	können	dürfen	müssen	wollen	sollen
ich	konnte	durfte	musste	wollte	sollte
du	konntest	durftest	musstest	wolltest	solltest
er / es / sie	konnte	durfte	musste	wollte	sollte
wir	konnten	durften	mussten	wollten	sollten
ihr	konntet	durftet	musstet	wolltet	solltet
sie / Sie	konnten	durften	mussten	wollten	sollten

3d 2. Er konnte das Buch in der Buchhandlung nicht finden. • 3. Er musste zur Information gehen. • 4. Die Buchhändlerin konnte ihm das Buch zeigen. • 5. Rui wollte das Buch an der Kasse bezahlen. • 6. Er konnte sein Portemonnaie nicht finden. • 7. Er durfte das Buch natürlich nicht mitnehmen. • 8. Er wollte am nächsten Tag zurückkommen und das Buch kaufen.

3e 2. du beginnst • du begannst • du hast begonnen • 3. er sieht • er sah • er hat gesehen • 4. sie trifft ein • sie traf ein • sie ist eingetroffen • 5. wir rufen an • wir riefen an • wir haben angerufen • 6. ihr verliert • ihr verlort • ihr habt verloren • 7. er behält • er behielt • er hat behalten • 8. sie wissen • sie wussten • sie haben gewusst

3f 2. In der Nähe der Buchhandlung verlor Rui sein Portemonnaie. • 3. Er ging zurück und suchte das Portemonnaie. • 4. Aber Rui fand sein Portemonnaie nicht. • 5. Auch in dem Geschäft wusste niemand etwas. • 6. Dann bat Rui die Polizei um Hilfe. • 7. Er schrieb einen Bericht für die Polizei. • 8. Am Ende bekam Rui sein Portemonnaie zurück.

3g 2. mochte ich kein gesundes Essen. • 3. wollte ich keinen Sport treiben. • 4. mochte ich keine langen Spaziergänge. • 5. wollte ich nicht in die Oper gehen.

4a 1b • 2a

4b 2. Wenn • 3. Als • 4. wenn • 5. als • 6. Als

4c 2. Als Paola zum ersten Mal nach Köln kam, verstand sie kein Wort. • 3. Als ich mein Praktikum machte, sammelte ich viele Erfahrungen. • 4. Als Lara und Jens zum ersten Mal einen Actionfilm sahen, waren sie aufgeregt. • 5. Als ihr den Job bekamt, wart ihr glücklich. • 6. Als wir in Köln waren, besichtigten wir den Dom.

5a Es gab ein großes Gedränge am Hauptbahnhof und viele Personen stiegen ein. Ein junger Mann rempelte mich an und entschuldigte sich höflich. Er ging zum Ausgang und stieg an der nächsten Haltestelle aus. Ich musste am Universitätsplatz aussteigen. An der Haustür wollte ich meine Schlüssel aus dem Rucksack nehmen. Ich merkte, dass mein Rucksack offen war und mein Portemonnaie weg war. 50 Euro, meine EC-Karte und mein Studentenausweis waren im Portemonnaie. Ich rief sofort bei der Bank an und sie sperrte sofort meine EC-Karte.

5b Viele Menschen liefen vor dem Bahnhof herum. Mein Rucksack stand neben mir auf dem Boden und ich telefonierte mit dem Handy. Plötzlich kam ein junger Mann zu mir und rempelte mich an. Ich fiel fast hin und mein Handy fiel auf den Boden. Ich hob mein Handy auf. Dann merkte ich, dass mein Rucksack weg war. Mein Laptop und mein Portemonnaie mit Führerschein und Personalausweis waren im Rucksack. Ich ging sofort zur Polizei am Hauptbahnhof und stellte eine Anzeige. Am Montagmorgen beantragte ich einen neuen Personalausweis und einen neuen Führerschein.

5c 2. Zwei Männer und eine Frau. • 3. In der U-Bahn oder im Gedränge. • 4. Am Wochenende. • 5. Familien und alte Leute. • 6. Wenn man alle Taschen zumacht und sie immer gut festhält.

5d 2b • 3a • 4b • 5c • 6a

6 2. Es ist dunkelbraun und hat innen vier Fächer. • 3. Meine Bankkarten, Bargeld und Fotos. • 4. Ich bin nicht sicher, wahrscheinlich bei der Buchhandlung Groß. • 5. Das ist ja wunderbar! • 6. Aber natürlich. Ich hatte schon solche Angst. Vielen Dank.

7 2. denn • 3. dort • 4. Als • 5. dass • 6. weil • 7. als • 8. dass • 9. Aber • 10. gleich • 11. Zum Glück • 12. dann • 13. danach

8a 2. Hast du etwas gegessen? • 3. Hat sie nichts gesehen? • 4. Er hat niemanden bemerkt. • 5. Hat sie jemandem geholfen?

8b 2. Haben Sie etwas gegessen? • 3. Haben Sie nichts vorbereitet? • 4. Haben Sie jemanden gesehen? • 5. Haben Sie niemanden erreicht? • 6. Gehört das Buch niemandem hier?

9 2. Bank • 3. Frühling • 4. Rechnung • 5. Schrank • 6. Anfang • 7. Packung • 8. Geschenk • 9. Buchhandlung • 10. krank • 11. Überweisung • 12. Bestechung

13 Ohne Gesundheit läuft nichts!

1a 2. die Halsschmerzen • 3. das Fieber • 4. die Rückenschmerzen • 5. das Rheuma • 6. die Erkältung • 7. die Ohrenschmerzen • 8. die Schlafstörung • 9. der Alptraum • 10. die Magenschmerzen • 11. die Allergie • 12. der Stress

1b 2. dünn • 3. öffentlich • 4. schwach • 5. unbequem • 6. nah • 7. oft • 8. der Nichtraucher

2a 2. bis • 3. Seitdem • 4. bis • 5. seitdem • 6. bis

2b 2. Seit • 3. Seit • 4. bis • 5. seit • 6. bis

2c 2. Bis Arthur kein Fieber mehr hat, bleibt er im Bett. / Arthur bleibt im Bett, bis er kein Fieber mehr hat. • 3. Seit Ira unregelmäßig isst, hat sie Magenschmerzen. / Ira hat Magenschmerzen, seit sie unregelmäßig isst. • 4. Seit Sonja nicht mehr krank ist, darf sie wieder joggen. / Sonja darf wieder joggen, seit sie nicht mehr krank ist. • 5. Bis die Sommerferien zu Ende sind, bleibt Lars in Dänemark. / Lars bleibt in Dänemark, bis die Sommerferien zu Ende sind. • 6. Bis die Praxis wieder öffnet, muss Larissa auf einen Termin bei Dr. Freund warten. / Larissa muss auf einen Termin bei Dr. Freund warten, bis die Praxis wieder öffnet.

2d 2. Bis sie einen Arzttermin bekommt, muss sie lange warten. • 3. Seitdem Beate Schlafstörungen hat, kann sie sich nicht konzentrieren. • 4. Bis Beate wieder gesund ist, darf sie keinen Sport machen. • 5. Seitdem das neue Semester angefangen hat, ist Beate immer gestresst. • 6. Bis Beate sich wieder besser fühlt, muss sie zu Hause bleiben.

3 3. Bei der Allianza. • 5. Ich bin einen Meter fünfundsiebzig und wiege achtundsechzig Kilo. • 7. Ja, aber nicht viel, ungefähr fünf Zigaretten pro Woche. • 9. Ich habe eine Penicillinallergie. • 11. Nein. • 13. Ich esse eigentlich alles, ich trinke nur keine Milch. • 15. Meine Oma hat Diabetes und mein Opa Asthma. Sonst weiß ich von nichts. • 17. Als ich elf war, hatte ich eine Mandeloperation.

Patientenbogen
Name: Laura Schwarz • **Größe:** 1,75 m • **Gewicht:** 68 kg • **Geschlecht:** weiblich • **Schwangerschaft:** nein • **Raucher:** ja • **Vegetarier:** nein • **Allergien:** Penicillinallergie • **Krankenkasse:** Allianza • **Vorerkrankungen:** nein • **Operationen:** Mandeloperation • **Familienerkrankungen:** Diabetes und Asthma

4a 2. M • 3. F • 4. E • 5. F • 6. E
4b 2. kann • 3. darfst • 4. können/dürfen • 5. darf • 6. könnt
4c 2. 2 • 3. 1 • 4. 2 • 5. 1 • 6. 2
4d 2. Jutta braucht nicht zum Zumbakurs zu gehen. • 3. Jutta braucht keine Präsentation vorzubereiten. • 4. Jutta braucht keine Seminare zu besuchen. • 5. Jutta braucht sich nicht mit den Kommilitonen zu treffen. • 6. Jutta braucht kein Abendessen zu kochen. • 7. Jutta braucht nicht für ihre Oma einzukaufen. • 8. Jutta braucht nicht ihren Bruder abzuholen.
4e 2. Sie müssen als Kassenpatient nichts bezahlen. • 3. Bei Dr. Rosmann brauchen die Patienten sich nicht anzumelden. • 4. Für die Krankengymnastik müssen Sie bei Frau Feld einen Termin vereinbaren. • 5. Sie brauchen für die Halstabletten kein Rezept abzugeben.
4f 2. muss • 3. müssen • 4. dürfen • 5. müssen • 6. soll • 7. soll / muss • 8a. brauchen • 8b. Diät einzuhalten. • 9. können / dürfen
4g Ich bin zu Dr. Hofer gegangen und ich habe ihm von allen meinen Schmerzen erzählt. Er ist sehr nett und er hat gesagt, dass ich mich ausruhen muss und nicht arbeiten darf. Ich soll jeden Tag spazieren gehen und viel schlafen. Ich brauche keine Diät einzuhalten und ich soll alle drei bis vier Stunden kleine Portionen essen. Er hat mich für zwei Wochen krankgeschrieben und er hat mir ein pflanzliches Mittel für den Magen und Krankengymnastik verschrieben. Ich habe schon einen Termin bei einer Physiotherapeutin gemacht und ich fühle mich schon viel besser.
4h 2. b • 3. c • 4. a • 5. a • 6. b
5a der Beipackzettel, - • die Dosierung, -en • das Medikament, -e • die Nebenwirkung, -en • die Schwangerschaft, -en • die Verkehrstüchtigkeit (kein Plural)
5b 2. Diese anderen Wirkungen kann ein Medikament auslösen. • 3. Nach der Einnahme von einem Medikament kann man Auto fahren. • 4. Eine Frau erwartet ein Baby.
5c 2. a • 3. a • 4. c • 5. b • 6. b
5d 2. alle 5 Stunden • 3. dreimal pro Woche • 4. einmal pro Woche / wöchentlich • 5. in 2 Wochen
6a 2. Larissa schreibt eine E-Mail, denn sie möchte einer Kollegin Informationen geben. • 3. Leni hat Beate Dr. Freund empfohlen, denn er ist sehr gut. • 4. Beate geht oft walken, denn sie soll viel Sport treiben.
6b 2. Larissa schreibt eine E-Mail, weil sie einer Kollegin Informationen geben möchte. • 3. Leni hat Beate Dr. Freund empfohlen, weil er sehr gut ist. • 4. Beate geht oft walken, weil sie viel Sport treiben soll.
6c 2. Larissa möchte einer Kollegin Informationen geben. Darum schreibt sie eine E-Mail. • 3. Dr. Freund ist sehr gut. Deswegen hat Leni ihn Beate empfohlen. • 4. Beate soll viel Sport treiben. Daher geht sie oft walken.
6d 2. Das „X" steht in der Mathematik für etwas Unbekanntes. Deshalb nannte Röntgen die neue Strahlung „X-Strahlung". • 3. Röntgen interessierte sich auch für Experimentalphysik. Deshalb begann er schließlich ein Physikstudium. • 4. Röntgen war ein sehr verschlossener Mensch, deshalb weiß man heute wenig über ihn.
6e 2. Weil • 3. daher • 4. denn • 5. denn • 6. daher
6f 2. Ich möchte mich gesund ernähren. Deshalb esse ich viel Obst. • 3. Ich rauche nicht, denn Zigaretten schaden der Gesundheit. • 4. Er ist krank. Deshalb muss er zum Arzt gehen. • 5. Du nimmst ein Medikament ein, weil du Magenschmerzen hast. • 6. Die Patienten müssen einen Patientenbogen ausfüllen, denn der Arzt braucht Informationen.
7a das Ohr, die Ohren • der Finger, die Finger • der Darm, die Därme • die Lunge, die Lungen • das Auge, die Augen • die Nase, die Nasen • der Rücken, die Rücken • der Arm, die Arme • der Unterschenkel, die Unterschenkel • der Hals, die Hälse • die Schulter, die Schultern • die Brust, die Brüste • der Po, die Pos • der Zeh, die Zehen • der Oberschenkel, die Oberschenkel • der Nacken, die Nacken • der Mund, die Münder • der Kopf, die Köpfe • das Herz, die Herzen • der Bauch, die Bäuche • das Knie, die Knie • das Bein, die Beine • die Ader, die Adern • der Knochen, die Knochen • der Muskel, die Muskeln
7b 1. Hals • 2. Magen • 3. Ohren • 4. Augen • 5. Rücken • 6. Bein • 7. Zehen • 8. Knochen • 9. Hand
8a Der deutsche Physiker Wilhelm Conrad Röntgen wurde am 27. März 1845 in Remscheid-Lennep geboren. Als er drei Jahre alt war, zog er mit seinen Eltern in die Niederlande um. Er war ein sehr guter Schüler und interessierte sich sehr für Technik, deshalb studierte er ab 1865 in Zürich Maschinenbau. Später studierte er Experimentalphysik, und in den Jahren 1871 und 1872 assistierte er dem bekannten Physiker August Kundt. Zusammen mit ihm ging er an die Universitäten Straßburg und Würzburg. Er lehrte bis 1879 Physik in Straßburg und von 1888 bis 1900 Experimentalphysik an der Universität Würzburg. Der deutsche Physiker entdeckte 1895 am Physikalischen Institut von der Universität Würzburg die Röntgenstrahlen. Seine Entdeckung revolutionierte die medizinische Diagnostik. Im Jahr 1900 zog Röntgen nach München um und leitete das Institut für Experimentelle Physik an der Universität. 1901 bekam er für die Entdeckung von den Röntgenstrahlen den ersten Nobelpreis für Physik. Wilhelm Conrad Röntgen starb am 10. Februar 1923 in München.
8b Später studierte er … • assistierte er … • ging er an die Universitäten … • Er lehrte … • er entdeckte … • Seine Entdeckung revolutionierte … • er leitete das Institut … • er bekam den Nobelpreis …
8c Sie war eine sehr gute Schülerin und interessierte sich sehr für Physik und Anatomie. Sie studierte ab 1891 Physik und Mathematik an der Sorbonne in Paris. 1894 wurde sie Doktorandin des Physikprofessors Antoine Henri Becquerel. 1896 entdeckte sie zwei bisher unbekannte Elemente: Radium und Polonium. Sie nannte die Strahlung „radioaktiv". 1900 unterrichtete sie Physik an der École Normale Supérieure für Mädchen in Sèvres. 1903 erhielt sie gemeinsam mit Becquerel und ihrem Mann Pierre Curie den Nobelpreis für Physik. 1908 erhielt sie eine Professur für Physik an der Sorbonne. 1911 bekam sie den Nobelpreis für Chemie für die Isolierung des Elements Radium. 1914 wurde sie Leiterin des Radium- Instituts an der Pariser Universität. 1918-1927 baute sie das Institut zu

dreiundachtzig 83

einem Zentrum der Nuklearphysik aus und hielt international Vorlesungen. Am 4. Juli 1934 starb sie in Sancellemoz (Savoyen) an Leukämie. Die Krankheit war eine Folge von ihren hochdosierten und langjährigen Kontakten mit radioaktiven Elementen.

9 **Plural mit „u"**: Hunde, Funde, Klubs, Rufe, Schuhe, Busse • **Plural mit „ü"**: Füße, Münder, Flüsse, Wünsche, Tücher, Grüße, Nüsse, Türme, Flüge, Würmer, Sprünge, Lüfte, Züge, Hüte, Schlüsse

14 Grisadi in München

1a 2. sonnig • 3. warm • 4. kalt • 5. wolkig • 6. neblig • 7. stürmt • 8. hagelt • 9. donnert • 10. blitzt • 11. regnet • 12. schneit

1b **Köln**: Es regnet. Es friert. • **München**: Es schneit. • **Hamburg**: Es ist sonnig. Es ist windig. • **Berlin**: Es regnet. Es schneit. Es friert.

2a teuer≠billig • traurig≠fröhlich • stark≠schwach • groß≠klein • getrennt≠zusammen • voll≠leer • einfach≠schwierig • früh≠spät • lang≠kurz • alt ≠jung • arm≠reich • schwach≠stark • krank≠gesund • laut≠leise • bunt≠einfabig • schmal≠breit • nass≠trocken • hässlich≠schön • eng≠weit • böse≠nett • scheußlich≠wunderschön • fremd≠vertraut • gebraucht≠neu • niedrig≠hoch • richtig≠falsch • positiv≠negativ • riesig≠winzig • schlecht≠gut • langweilig≠interessant

2b die Traurigkeit • die Stärke • die Größe • die Einfachheit • die Länge • das Alter • die Armut • die Schwäche • die Krankheit • die Nässe • die Hässlichkeit • die Enge • die Bosheit • die Scheußlichkeit • die Fremdheit

2c 2. zu nass • 3. zu langweilig • 4. zu teuer • 5. zu bunt • 6. zu eng

2d 2c • 3a • 4a • 5b • 6c

2e offene Antwort

2f 2. warme • 3. kalt • 4. dicken • 5. teuer • 6. dicken • 7. altmodisch • 8. praktischen

2g In dem neuen Einkaufszentrum gibt es viele Sonderangebote. Ich suche eine neue Daunenjacke. Hosen will ich nicht kaufen, lieber Röcke. Pullover mit Rollkragen finde ich unpraktisch, ein Schal ist besser. Bald gibt es schlechtes Wetter. Brauchst du auch eine Regenjacke? Am Abend können wir ins Kino gehen, hast du Lust? Liebe Grüße

3a 2. das lila Kleidchen • 3. das dunkelbraune Handtäschchen • 4. das schwarze Mäntelchen • 5. das rot karierte Röckchen • 6. das blau gestreifte Hemdchen • 7. das dunkelgraue Jäckchen • 8. das grün gestreifte Pullöverchen

3b 2. Das ist aber ein süßes Mäntelchen! • 3. Pia trägt sehr gerne ein kurzes Röckchen. • 4. Ich hätte so gerne ein elegantes Blüschen. • 5. Wie findest du das schicke schwarze Kleidchen? • 6. In dem Geschäft gibt es hübsche Täschchen. • 7. Wo hast du denn die lila Schühchen gekauft? • 8. Das karierte Blazerchen steht dir sehr gut.

4a 2. Diese • 3. Dieses • 4. Diesen • 5. dieser • 6. diesem • 7. Diese • 8. Dieses

4b 2. diesen • 3. Diesen • 4. dieser • 5. Welchen • 6. diesen • 7. dieses • 8. Welches • 9. Dieses • 10. diese • 11. Welche • 12. diese • 13. diesem • 14. welchem • 15. diesem • 16. diesen • 17. diese • 18. diesen

4c Ich habe Größe 40. • Diese Jacke mit dem Gürtel ist sehr schön. Kann ich sie anprobieren? • Sie passt mir perfekt. Was kostet sie denn? • Ich nehme sie. Kann ich auch mit Karte bezahlen? • Vielen Dank.

5a 2c • 3b • 4a • 5g • 6e • 7h • 8f •2b

5b Wie findest du das Auto? • Welches denn? Dieses hier? • Nein, das da. • Das finde ich unpraktisch. • Wie findest du den Gürtel? • Welchen denn? Diesen hier? • Nein, den da. • Den finde ich sehr schick. • Wie findest du das Café? • Welches denn? Dieses hier? • Nein, das da. • Das finde ich ziemlich altmodisch. • Wie findest du die Handschuhe? • Welche denn? Diese hier? • Nein, die da. • Die finde ich elegant. • Wie findest du die Kommode? • Welche denn? Diese hier? • Nein, die da. • Die finde ich zu breit. • Wie findest du den Computer? • Welchen denn? Diesen hier? • Nein, den da. • Den finde ich zu teuer.

6a jeden Sonntag • im Englischen Garten • keine Bürgermeister • sie tanzten am Chinesischen Turm, danach mussten sie arbeiten • bis zum Anfang des 20. Jahrhundert • weil man den Ball verboten hat • ein Fest für Jung und Alt • manche tragen Dienstbotenuniform oder bürgerliche Kleidung des 19. Jahrhunderts • am 3. Sonntag im Juli

6b Das Oktoberfest ist ein Fest in München. Es findet jedes Jahr auf der Theresienwiese statt. Das Oktoberfest beginnt immer am Samstag nach dem 15. September und endet am ersten Sonntag im Oktober. Auf dem Fest gibt es viele Möglichkeiten zur Unterhaltung und auch zahlreiche Buden zum Essen und Trinken. Es gibt große Bierzelte für die Besucher aus Deutschland und aus dem Ausland. Viele Besucher tragen auf dem Oktoberfest gern traditionelle bayerische Trachten.

6c Küchenpersonal • Etikett • Kleidergröße • Tausch

6d 1. Jedes • 2. kommen • 3. Gäste • 4. aus • 5. Fest • 6. eine • 7. wirtschaftliche • 8. bringt • 9. Umsatz • 10. gibt • 11. zahlreiche • 12. verschiedenen • 13. Spielen • 14. es • 15. Bierzelte • 16. Besuchern

7a 2. alle • 3. viele • jeder • 4. keine • viele • 5. jeder • 6. eins

7b

	Mask.: der Rock		Neutr.: das Kleid	
	Artikel	Pronomen	Artikel	Pronomen
Nom.	ein - __ Rock kein Rock jeder Rock	→ einer → keiner → jeder	ein Kleid kein Kleid jedes Kleid	→ eins → keins → jedes
Akk.	einen Rock keinen Rock jeden Rock	→ einen → keinen → jeden	ein Kleid kein Kleid jedes Kleid	→ eins → keins → jedes
Dat.	einem Rock keinem Rock jedem Rock	→ einem → keinem → jedem	einem Kleid keinem Kleid jedem Kleid	→ einem → keinem → jedem

	Fem.: die Jacke		Pl.: die Socken	
	Artikel	Pronomen	Artikel	Pronomen
Nom.	eine Jacke keine Jacke jede Jacke	→ eine → keine → jede	viele Hüte wenige Hüte alle Hüte	→ viele → wenige → alle
Akk.	eine Jacke keine Jacke jede Jacke	→ eine → keine → jede	viele Hüte wenige Hüte alle Hüte	→ viele → wenige → alle
Dat.	einer Jacke keiner Jacke jeder Jacke	→ einer → keiner → jeder	vielen Hüten wenigen Hüten allen Hüten	→ vielen → wenigen → allen

7c 2b

7d 2. Welcher • 3. Welche • 4. Welche • 5. Alles • 6. Wenig • 7. Vieles • 8. alle • 9. Die • 10. jedes • 11. Diese • 12. jeder • 13. allen • 14. Ein • 15. diesem • 16. keins • 17. eins

8a 1. die Gesundheit • 2. die Freundschaft • 3. die Müdigkeit • 4. die Unterhaltung • 5. die Erinnerung • 6. die Sicherheit • 7. die Schwangerschaft • 8. die Möglichkeit • 9. die Wissenschaft • 10. die Feierlichkeit • 11. die Bedeutung • 12. die Freiheit • 13. die Umgebung • 14. die Sauberkeit • 15. die Krankheit

8b die • „-en"

15 Eine Reise nach Wien

1a **Couch surfen:** Leute kennenlernen • Geld sparen • Gästebett • gratis • geteiltes Badezimmer • praktisch • Wohnungsbesitzer • **Jugendherberge:** Schlafsaal • Leute kennenlernen • Geld sparen • Stockbett • preiswert • Gemeinschaftsraum • geteiltes Badezimmer • **Campingplatz:** Schlafsack • Geld sparen • Zelt • Isomatte • preiswert • **Hotel:** teuer • Zimmer reservieren • komfortabel • Wellnessbereich • Rezeption • Zimmermädchen • Doppelzimmer

1b 2. sein • 3. kennenlernen • 4. vernetzen • 5. anbieten • 6. anlegen • 7. treffen • 8. helfen

1c *Mögliche Lösung:* Liebe Sofie, lieber Joachim, ich möchte vom 1. bis 5. Juni nach Dresden fahren und würde gerne vier Tage bei euch wohnen. Wenn ich in Dresden bin, möchte ich die historische Altstadt anschauen und das DDR Museum Zeitreise besuchen. Als ich euer Profil auf der Webseite von Couchsurfing gesehen habe, fand ich euch sofort sehr sympathisch. Ihr habt die gleichen Interessen wie ich, und wir können bestimmt viel Spaß zusammen haben. Was meint ihr? Liebe Grüße

2 2. Das ist ja toll! • 3. Ich war ja noch nie in Wien. • 4. Das Hotel ist ja sehr teuer! • 5. Die Arbeit ist ja langweilig. • 6. Ich will ja die Viennale besuchen.

3a 2a • 3b • 4c • 5b • 6a

3b 2h • 3a • 4e • 5c • 6d • 7f • 8b

3c offene Antworten

4 2 f • Seit 1916 befindet er sich am heutigen Standort. • 3 r • 4 r • 5 f • Das Neujahrskonzert ist im Großen Saal vom Wiener Musikverein. • 6 f • Er findet einmal jährlich statt.

5a 1a • 2a • 3b • 4. an • auf • hinter • in • neben • über • unter • vor • zwischen

5b 2. Auf dem • 3. ins • 4. Im • 5. Vor dem • 6. vor der • 7. Vor dem • 8. auf den • 9. auf die • 10. auf dem • 11. ins

5c 2. durch den • 3. zur • 4. entlang • 5. bis zum • 6. durch das • 7. an der • 8. am • 9. durch die • 10. in die • 11. auf der • 12. den • 13. durch die • 14. zur • 15. die • 16. nach der • 17. auf der

5d 2. herauf • 3. hinein • 4. herein

5e 1. hinunter • herauf • hinauf • 2. herein • hinein • heraus • hinein

5f 2. ich gehe die Treppe hinunter. • 3. Ich komme gleich herunter. • 4. Ich komm´ sofort rein. • 5. Ich komm´ gleich rauf. • 6. Ich gehe jetzt hinaus.

6 Ich mache „Couch Surfing" bei Michael und das ist eine tolle Erfahrung. Michael ist sehr nett. Er hat mir viele Tipps gegeben und die Stadt gezeigt. Wir waren zusammen auf dem Naschmarkt und im Café Sacher. Dort haben wir Kaffee getrunken und Kuchen gegessen. Als es geregnet hat, sind wir ins Museum Moderner Kunst gegangen. Ich habe in den Viennale-Kinos viele Filme gesehen und mit Michael im Burgtheater ein Stück von Shakespeare angeschaut. Wien hat so viele Sehenswürdigkeiten. Deshalb will ich unbedingt noch einmal nach Wien fahren. Willst du dann vielleicht mitkommen?

7a **Wann?** am Montag • gestern • im Oktober • in einer Woche • vor 3 Tagen • letzten Monat • nach der Vorlesung um 14 Uhr • **Wie lange?** 4 Stunden • eine Woche • von 8 bis 10 Uhr • **Seit wann? / Wie lange schon?** seit einem Monat • seit kurzem • **Wie oft?** einmal pro Woche • jeden Monat • täglich

7b 1i • 2c • 3d • 4j • 5b • 6a • 7f • 8g • 9e • 10h

7c offene Antworten

8a 1. gestern Abend • heute Morgen • heute Mittag • morgen früh • 2. zuerst • dann • danach • später • 3. immer • oft • manchmal • nie • 4. vor 8 Uhr • gegen 8 Uhr • um 8 Uhr • nach 8 Uhr • 5. sofort • gleich • später • bald

8b *Mögliche Lösungen:* 2. nach der Arbeit auf dem Parkplatz • 3. nach der Stadtbesichtigung im Bus • 4. heute in eine Ausstellung • 5. letzten Samstag nach Wien • 6. vorige Woche im Burgtheater

8c 2. Ins Burgtheater geht ihr am Samstag. / Am Samstag geht ihr ins Burgtheater. • 3. Ins Museum geht er sehr gerne. / Sehr gerne geht er ins Museum. • 4. Nach Wien bin ich letzte Woche gefahren. / Letzte Woche bin ich nach Wien gefahren. • 5. In Österreich sind wir noch nie gewesen. / Noch nie sind wir in Österreich gewesen. • 6. In einem Wiener Beisl wollen Jörg und Michael heute Mittag essen. / Heute Mittag wollen Jörg und Michael in einem Wiener Beisl essen. • 7. Auf dem Naschmarkt waren wir gestern. / Gestern waren wir auf dem Naschmarkt. • 8. Im Kino war Jörg wieder um 16 Uhr. / Um 16 Uhr war Jörg wieder im Kino.

9a b J • c T • d T • e J • f J • g J • h T • i T

9b 2d • 3g • 4i • 5e • 6h • 7f • 8c • 9b

10a 2a • was eine Kinokarte kostet • 3b • ob man nach 17 Uhr noch auf den Stephansdom steigen kann • 4a • wo der Treffpunkt für die Führung ist • 5b • ob du heute Nachmittag Zeit hast • 6a • welche Filme du schon gesehen hast

10b 2. Können Sie mir sagen, wann es geschlossen ist? • 3. Wissen Sie, wie lange es am Freitag geöffnet ist? • 4. Können Sie mir sagen, wie viel die Eintrittskarten kosten? • 5. Wissen Sie, ob es Ermäßigung für Studenten gibt? • 6. Können Sie mir sagen, wie teuer ein Audio-Guide ist? • 7. Wissen Sie, ob es ein Museumscafé und einen Museumsshop gibt? • 8. Können Sie mir sagen, welche Buslinie zum Museum fährt?

10c 1. Die Adresse ist Museumsplatz 1. • 2. Das Museum ist jeden Tag geöffnet. • 3. Das Museum ist am Freitag bis 19 Uhr geöffnet. • 4. Die Eintrittskarten kosten 11 Euro. • 5. Ja, es gibt Ermäßigung. Für Studenten kosten die Eintrittskarten € 7,50. • 6. Ein Audio-Guide kostet € 3,50. • 7. Ja, die gibt es. • 8. Die Linien 48 a und 49 fahren zum Museum.

11a 2. der Freund – die Freunde • 3. der Kauf – die Käufe • 4. das Fahrzeug – die Fahrzeuge • 5. der Bau – die Bauten • 6. der Hinweis – die Hinweise • 7. der Traum – die Träume • 8. die Bedeutung – die Bedeutungen • 9. das Gebäude – die Gebäude • 10. das Zeugnis – die Zeugnisse • 11. der Brauch – die Bräuche • 12. der Preis – die Preise

16 Ausbildung oder Studium

1a 1. weiterführende Schule • 2. Schulart • 3. Abitur • Hochschule • 4. Duales Studium • 5. Mittleren Schulabschluss • 6. Lehre • 7. Betrieb • Berufsschule

1b 2. f • In Berlin dauert die Grundschule sechs Jahre, während sie in den anderen Ländern nur 4 Jahre dauert. • 3. f • Die Vollzeitschulpflicht umfasst neun bzw. zehn Jahre an einer allgemeinbildenden Schule. • 4. r • 5. f • Mit sechs Jahren werden die Kinder eingeschult. 6. f • Die Lehrer und Eltern entscheiden zusammen.

2a der Rechtsanwalt, die Rechtsanwälte • der Florist, die Floristen • der Übersetzer, die Übersetzer • der Bäcker, die Bäcker • der Ingenieur, die Ingenieure • der Astronaut, die Astronauten • der Mechaniker, die Mechaniker • der Kraftfahrer, die Kraftfahrer • der Sozialpädagoge, die Sozialpädagogen • die Bankkauffrau, die Bankkauffrauen • der Konditor, die Konditoren

2b 2. S • Ingenieur • 3. A • Mechaniker • 4. S • Sozialpädagoge • 5. A • Florist • 6. A • Bäcker • 7. S • Rechtsanwalt • 8. A • Konditor • 9. A • Erzieher • 10. A • Bankkauffrau • 11. S • Astronaut • 12. S • Übersetzer

fünfundachtzig 85

L

2c 1. Wenn man eine Ausbildung macht, kann man eine eigene Firma gründen. • Wenn man eine Ausbildung macht, verdient man früh Geld. • Wenn man eine Ausbildung macht, ist man früh von den Eltern unabhängig. • Wenn man ein Studium macht, gibt es interessante Jobs. • Wenn man ein Studium macht, verdient man mehr Geld. • Wenn man ein Studium macht, hat man viele berufliche Möglichkeiten.

2d 1g • 2h • 3c • 4e • 5i • 6f • 7a • 8d • 9b

3a 2. hätten • 3. würden • 4. Könnten • 5. Dürften • 6. Hätten • 7. Könnten • 8. Würde

3b 2. Könntet ihr uns bitte helfen? Würdet ihr uns bitte helfen? • 3. Könnte ich kurz telefonieren? Dürfte ich kurz telefonieren? • 4. Könntest du mich bitte anrufen? Würdest du mich bitte anrufen? • 5. Könnten wir Sie morgen besuchen? Dürften wir Sie morgen besuchen? • 6. Könnte ich Sie etwas fragen? Dürfte ich Sie etwas fragen?

3c 2f • 3b • 4e • 5a • 6d

3d 2. Möchten Sie gern ins Ausland gehen? • 3. Möchten Sie gern in Zukunft viel Geld verdienen? • 4. Möchten Sie gern eine eigene Firma gründen? • 5. Möchten Sie gern in einem sozialen Beruf arbeiten? • 6. Möchten Sie gern ein duales Studium absolvieren?

3e offene Antworten

4 2. Ihr solltet mehr Sport treiben. • 3. Sie sollte zur Krankengymnastik gehen. • 4. Du solltest mehr schlafen. • 5. Er sollte Entspannungsübungen machen. • 6. Du solltest einen Terminkalender benutzen.

5a

	Maskulinum (M)	Neutrum (N)	Femininum (F)	Plural (M, N, F)
N	der / ein Azubi	das / ein Studium	die / eine Ausbildung	die / ∅ Studenten
	der / ein Student			die / ∅ Ausbildungen
G	des / eines Azubis	des / eines Studiums	der / einer Ausbildung	der / ∅ Studenten
	des / eines Studenten			der / ∅ Ausbildungen

5b nur „-s": des Bodens • des Wetters • des Schlüssels • des Onkels • des Fensters • des Lebens • des Hotels • nur „-es": des Glases • des Stresses • des Eises • des Grußes • des Netzes • des Salzes • „-s" oder „-es": des Buchs, Buches • des Dankes, Danks • des Kleides, Kleids • des Parlamentes, Parlaments • des Momentes, Moments • des Traumes, Traums • des Weges, Wegs

5c 1. des Bachelorstudiums • 2. des Beraters • 3. der Studenten • 4. des Meetings • 5. des Nachbarn • 6. der Kunden • 7. des Hauses

5d 2d • das Schreiben von Rechnungen • 3a • der Verkauf von Konsumgütern • 4e • die Erledigung des Schriftverkehrs • 5c • die Dauer einer Ausbildung • 6b • die Überprüfung der Qualität

5e 2. Paul Klees Bilder • 3. Thomas´ Zeugnis • 4. Der Nachbar von Nicole • 5. Die Empfehlungen von Frau Leitner • 6. Die Therapie von Dr. Schmitz

5f 2. Behandlung • 3. Betreuung • 4. Beratung • 5. Bearbeitung • 6. Planung

6a 1. sozialen • 2. großen • 3. junger • 4. guten

6b 2. gute • 3. langes • 4. betriebliche • 5. eigenes • 6. universitären • 7. besseres • 8. größere • 9. interessanten • 10. manche • 11. eigenen • 12. eigene • 13. guten • 14. einige • 15. theoretische • 16. praktische • 17. richtigen • 18. wichtige • 19. aller • 20. jungen

7a 2. Die Ratschläge, die er gegeben hat, sind sehr nützlich. • 3. Herr Schmitz, der sie beraten hat, ist sehr kompetent. • 4. Emma, der sie alles erzählt hat, war auch sehr interessiert. • 5. Sie hat mit den anderen Schülern gesprochen, die jetzt auch zur Berufsberatung gehen wollen.

7b Die Information, die er dir über das duale Studium gegeben hat, finde ich sehr interessant. Ich würde auch gern ein Studium machen, bei dem man Theorie und Praxis verbinden kann. Natürlich hast du Recht, dass ein duales Studium auch Nachteile haben kann, die man nicht vergessen sollte. Aber trotzdem glaube ich, dass für dich die Vorteile überwiegen, die du dann hättest. Meine Eltern, denen ich von deinem Besuch bei der Berufsberatung erzählt habe, hoffen sehr, dass ich mich bald für einen Beruf entscheide. Aber das ist gar nicht so einfach! Ich mache jetzt auch einen Termin bei einem Berufsberater, der mich dann hoffentlich auch so gut berät. Liebe Grüße, Emma

7c 2a • 3d • 4f • 5c • 6b • 2. Wichtig sind Kollegen, mit denen ich gut zusammenarbeiten kann. • 3. Ich suche eine Arbeit, mit der ich viel Geld verdiene. • 4. Ich wünsche mir einen Chef, mit dem ich alles besprechen kann. • 5. Für mich ist ein Arbeitsplatz wichtig, der sicher ist. • 6. Ich möchte keinen Stress, der meiner Gesundheit schadet.

7d 2. die gute Noten haben. • 3. die mich nach der Ausbildung übernimmt. • 4. der mir viele Vorteile bringt. • 5. die jeder treffen muss. • 6. dem ich sehr dankbar bin.

7e offene Antworten

8 2. Präsentation • 3. Erstens • 4. duales Studium • 5. drittens • 6. Studiengang • 7. Bachelor-Studiengang • 8. Außerdem • 9. Aus diesem Grund • 10. Hochschule • 11. Aufgaben • 12. Unternehmen • 13. Fremdsprachenkenntnisse

17 Erfahrungen in der Arbeitswelt

1a 2. die EDV-Kenntnisse • 3. die Beschäftigung • 4. die Produktion • 5. die Fortbildung • 6. die Fabrik • 7. der Angestellte • 8. die Hobbys

1b 2. vertraut sein • 3. führen • 4. schicken • 5. fasziniert sein • 6. interessieren • 7. absolvieren / abschließen • 8. sammeln • 9. verfügen • 10. vorbereiten

1c offene Antworten

1d 1. Er/Sie muss Intensivkurse in Deutsch als Fremdsprache für Akademiker, Studenten und Berufstätige auf allen Niveaustufen unterrichten. • 2. Er/Sie muss DaF studiert haben, über mehrjährige Berufs- und Auslandserfahrung verfügen und sehr gute Kenntnisse in Englisch und in einer weiteren Fremdsprache haben.

1e 1. Betreff • 2. Anrede • 3. Gründe für die Bewerbung • 4. Bezug auf die Anzeige • 5. Schlusssatz • 6. Grußformel • 7. Unterschrift

1f **Bezug auf die Anzeige:** Ihre o. g. Anzeige passt genau zu meinem Profil. • **Anrede:** Sehr geehrte Damen und Herren • **Gründe für die Bewerbung:** Nach meiner Rückkehr nach Deutschland möchte ich • Deutsch als Fremdsprache-Unterricht in Deutschland für … interessiert mich sehr • **Kompetenzen:** 2 Jahre Deutsch als Fremdsprache-Unterricht in Madrid • Englisch – sehr gut in Wort und Schrift • Spanisch verhandlungssicher • Studienabschluss an der Universität … • **Schlusssatz:** Über eine Einladung zu einem Vorstellungsgespräch würde ich mich sehr freuen. • **Grußformel:** Mit freundlichen Grüßen …

1g **Betreff:** Bewerbung als Deutsch als Fremdsprache-Lehrer / Lehrerin • Sehr geehrte Damen und Herren, seit 2 Jahren unterrichte ich Deutsch als Fremdsprache in Madrid. Ich habe einen Studienabschluss in diesem Fach von der Universität … Englisch beherrsche ich sehr gut in Wort und Schrift und meine Spanischkenntnisse sind verhandlungssicher. Nach meiner Rückkehr nach Deutschland möchte ich weiter im Bereich Deutsch als Fremdsprache arbeiten. Ihre o.g. Anzeige passt genau zu meinem Profil. Deutsch als Fremdsprache-Unterricht in Deutschland für Akademiker und Berufstätige interessiert mich sehr. Über eine Einladung zu einem Vorstellungsgespräch würde ich mich sehr freuen. Mit freundlichen Grüßen

2a 2. Auch der SchokoLaden wird vergrößert. • 3. Den Kindern wird im Museum die Herstellung der Schokolade gezeigt. • 4. Den Besuchern wird die Geschichte der Firma erklärt. • 5. Im Ritter-Café werden den Gästen Erfrischungen und kleine Imbisse angeboten. • 6. Im SchokoLaden werden verschiedene Schokoladensorten zum Verkauf angeboten. • 7. Die Schokolade wird in über 100 Länder exportiert.

2b 2. Auch den SchokoLaden vergrößert man. • 3. Den Kindern zeigt man im Museum die Herstellung der Schokolade. • 4. Den Besuchern erklärt man die Geschichte der Firma. • 5. Im Ritter-Café bietet man den Gästen Erfrischungen und kleine Imbisse an. • 6. Im SchokoLaden bietet man verschiedene Schokoladensorten zum Verkauf an. • 7. Die Schokolade exportiert man in über 100 Länder.

2c 2. 1919 wurde eine eigene Schokoladenmarke auf den Markt gebracht. • 3. 1926 wurde der erste Firmenwagen angeschafft. • 4. 1930 wurde die Firma ins idyllische Waldenbuch verlegt. • 5. 1932 wurden die ersten quadratischen Schokoladentafeln produziert. • 6. 1940 wurde die Schokoladenproduktion wegen des 2. Weltkriegs beendet. • 7. Ab 1950 wurde die Schokoladenproduktion wieder aufgenommen. • 8. 2005 wurde das „MUSEUM RITTER" eröffnet.

2d 2. Den Kindern wird die Herstellung der Schokolade von netten Mitarbeitern gezeigt. • 3. Von einer kompetenten Museumsführerin wird den Besuchern die Geschichte der Firma erklärt. • 4. Im Ritter-Café werden den Gästen von freundlichem Personal Erfrischungen und kleine Imbisse angeboten. • 5. Im SchokoLaden wird von Mitarbeitern Schokolade verkauft. • 6. Von der Firma wird ihre Schokolade in über 100 Länder auf der ganzen Welt exportiert.

2e 2. 1922 wurde von ihm der Tanzbär erfunden – eine Bärenfigur aus Fruchtgummi. Den Tanzbären entwickelte HARIBO später zum Goldbären weiter. • 3. 1923 wurde von der Firma ihr erster PKW gekauft. • 4. 1930 wurden von dem Unternehmen schon 160 Mitarbeiter beschäftigt. Das Unternehmen verkaufte HARIBO-Produkte im ganzen Land. • 5. Mitte der 30er Jahre wurde von der Firma der Werbeslogan „HARIBO macht Kinder froh" eingeführt. • 6. Während des 2. Weltkriegs reduzierte HARIBO die Produktion stark. • 7. Nach dem Ende des 2. Weltkriegs im Jahre 1945 wurde die Firma von den Söhnen des Firmengründers schnell wieder aufgebaut. 1950 beschäftigte das Unternehmen schon etwa 1000 Mitarbeiter. • 8. 1960 wurden von der Firma zum ersten Mal HARIBO-Goldbären auf den Markt gebracht. • 9. 1962 zeigte das deutsche Fernsehen zum ersten Mal Werbung für HARIBO. • 10. In den 70er Jahren wurde von der Firma die Form der Goldbären verändert und 1989 wurde von HARIBO die Farbe der Goldbären gewechselt. Bis heute essen sie Kinder in vielen Ländern gern und Erwachsene ebenso.

3a Was machen Sie denn so in Ihrer Freizeit? P • Zuerst möchte ich mein Bachelor Studium abschließen. B • Was wissen Sie schon über unsere Firma? P • Wann und wo haben Sie denn Ihren Fortbildungskurs gemacht? P • Ich weiß, dass Sie 1.400 Mitarbeiter haben und viel ins Ausland exportieren. B • Was wollen Sie nach dem Praktikum machen? P • Den habe ich an vier Wochenenden bei einem Institut in Tübingen absolviert. B • Wie war Ihr bisheriger Ausbildungsweg? P • Ja, ein Schulpraktikum und ein Industriepraktikum. B • Warum wollen Sie gern bei uns ein Praktikum machen? P • Ihre Anzeige passt genau zu meinem Profil, und hier kann ich noch viel lernen. B • Haben Sie selbst noch Fragen? P • Ich habe das Abitur gemacht und danach direkt mit dem Chemiestudium angefangen. B • Haben Sie mal ein Praktikum gemacht? P • Ich gehe gerne joggen und lese auch gerne. B

3b Haben Sie mal ein Praktikum gemacht? • Wann und wo haben Sie denn Ihren Fortbildungskurs gemacht? • Ihre Anzeige passt genau zu meinem Profil, und hier kann ich noch viel lernen. • Ich weiß, dass Sie 1.400 Mitarbeiter haben und viel ins Ausland exportieren. • Was wollen Sie nach dem Praktikum machen? • Was machen Sie denn so in Ihrer Freizeit? • Nein danke, im Moment nicht.

4a 2. Der Verkauf • 3. vorbereiten • 4. herstellen • 5. betreuen • 6. analysieren • 7. kontrollieren • 8. Die Werbung

4b 2a • 3b • 4a

4c 2. wird Werbung gemacht. • 3. werden Mitarbeiter betreut. • 4. werden Produkte analysiert und kontrolliert. • 5. werden neue Produkte entwickelt. • 6. werden Rohstoffe angenommen.

4d offene Antworten

4e die Überstunde • die Berufserfahrung • die Fachkenntnisse • das Chemiestudium • die Fremdsprachen • der Wareneingang • die Gleitzeit • die Frühschicht • die Fahrtkosten • der Leistungskurs • das Bewerbungsgespräch

5a 2. f • 3. r • 4. f

5b 1. Schade, dass du keinen guten Praktikumsplatz gefunden hast. • Es freut mich, dass das Praktikum dir Spaß macht. • Es tut mir leid, dass es bei dir nicht so gut läuft. • Über deine Mail habe ich mich echt gefreut. • Schön, dass du endlich einen Praktikumsplatz gefunden hast. • 2. Du solltest mal mit dem Personalchef sprechen. • Du könntest doch das Praktikum sofort beenden und dir eine neue Firma suchen.• Ich rate dir, dich beim nächsten Praktikum vorher über die Arbeitszeiten zu informieren. • 3. Wenn du willst, können wir uns in den nächsten Tagen treffen. Wie wäre es mit morgen Abend in unserer Stammkneipe? • Hast du am Montagabend Zeit? • Sollen wir uns gegen 20 Uhr im „Kaffeehaus am Markt" treffen?

5c Liebe Johanna, über deine Mail habe ich mich echt gefreut. Schön, dass du endlich einen Praktikumsplatz gefunden hast. Es freut mich, dass das Praktikum dir Spaß macht. Wenn du willst, können wir uns in den nächsten Tagen treffen. Wie wäre es mit morgen Abend in unserer Stammkneipe? / Hast du am Montagabend Zeit? Sollen wir uns gegen 20 Uhr im „Kaffeehaus am Markt" treffen? Liebe Grüße, Laura • Lieber Tom, danke für deine Mail. Es tut mir leid, dass es bei dir nicht so gut läuft. Schade, dass du keinen guten Praktikumsplatz gefunden hast. Du könntest doch das Praktikum sofort beenden und dir eine neue Firma suchen. Ich rate dir, dich beim nächsten Praktikum vorher über die Arbeitszeiten zu informieren. Wenn du willst, können wir uns in den nächsten Tagen treffen. Wie wäre es mit morgen Abend in unserer Stammkneipe? / Hast du am Montagabend Zeit? Sollen wir uns gegen 20 Uhr im „Kaffeehaus am Markt" treffen? Liebe Grüße, Laura

6a Ver-pa-ckung • Über-stun-de • Pro-duk-ti-on • Fort-bil-dungs-kurs • Ver-trieb • Tä-tig-keit • Ei-gen-tü-mer

6b 2. verpacken • 4. produzieren • 5. fortbilden • 6. vertreiben • 7. tätigen

18 Endlich Semesterferien!

1 2. teuer • 3. kurz

2 2. Wir hatten nicht viel Spaß. • 3. Unser Hotel war ungemütlich. • 4. Die Zimmer waren unordentlich und nicht sauber. • 5. Das Personal war unfreundlich und nicht hilfsbereit. • 6. Das Essen war nicht reichhaltig und nicht lecker. • 7. Das Angebot an Freizeitaktivitäten war uninteressant. • 8. Insgesamt war es ein unschönes Erlebnis / kein schönes Erlebnis.

3 **Fernreise:** die große weite Welt entdecken • fremde Länder kennen lernen • Stadtbesichtigungen machen • an einer Stadtrundfahrt teilnehmen • **Aktivurlaub:** im Zelt übernachten • in einer Jugendherberge übernachten • in den Bergen klettern • mit dem Rad am Rhein entlang fahren • mit dem Rucksack durch den Bayerischen Wald wandern • auf der Ostsee segeln • **Wellnessurlaub:** chillen • Körper und Geist verwöhnen lassen • **Städtereise:** Couchsurfing machen • in einer Jugendherberge übernachten • Kulturveranstaltungen besuchen • Stadtbesichtigungen machen • an einer Stadtrundfahrt teilnehmen

4a

	Komparativ	Superlativ
1. schön	schöner	am schönsten
2. viel	mehr	am meisten
3. alt	älter	am ältesten
4. oft	öfter / häufiger	am häufigsten
5. nah	näher	am nächsten
6. gut	besser	am besten
7. gern	lieber	am liebsten
8. teuer	teurer	am teuersten

4b offene Antworten

4c 2. wie • 3. als • 4. wie • 5. als • 6. wie • 7. als • 8. wie • 9. als

4d 3. Auf der Insel Amrum gibt es mehr Wald als auf den anderen Nordseeinseln. • 4. Auf der Insel Föhr kann man besser reiten, als ich erwartet habe. • 5. Der Bade- und Surfstrand der Insel Langeoog ist genauso attraktiv, wie ich mir vorgestellt habe. • 6. Auf der Insel Norderney gibt es schon länger Tourismus als auf den anderen Inseln. • 7. Die Insel Borkum liegt weiter draußen in der Nordsee, als ich gedacht habe. • 8. Im Norden der Insel Juist kann man genauso schön spazieren gehen, wie ich erwartet habe.

5a offene Antworten

5b 2. Ich brauche eine Wanderkarte. • Was für eine? • Eine von Allgäu. • 3. Ich suche einen Reiseführer. • Was für einen? • Einen aktuellen. • 4. Ich brauche eine Reisetasche. • Was für eine? • Eine aus Leder. • 5. Ich suche ein Restaurant. • Was für eins? • Eins mit vegetarischem Essen. • 6. Ich suche einen Badeanzug. • Was für einen? • Einen roten.

5c offene Antworten

6 2e • 3g • 4a • 5b • 6d • 7f

7 Mögliche Antwort: Dann suche ich Informationen im Internet. Danach frage ich meine Freunde, ob sie Tipps geben können. Dann buche ich einen Flug. Danach vergleiche ich die Angebote der verschiedenen Unterkünfte. Schließlich buche ich eine Unterkunft. Nun schreibe ich eine Check-Liste.

8a 1. als • 2. wenn • 3. wenn

8b 2. wenn • Regel 2 • 3. wenn • Regel 3 • 4. als • Regel 1 • 5. wenn • Regel 3 • 6. wenn • Regel 2 • 7. wenn • Regel 3

8c 2. als • 3. wenn • 4. wenn • 5. Als • 6. wenn

8d 2f • 3g • 4a • 5h • 6b • 7c • 8e

8e 2. Wenn man gern shoppen geht, sollte man in die Geschäfte am Kurfürstendamm gehen. • 3. Wenn man Kunst mag, sollte man die Alte Nationalgalerie besuchen. • 4. Wenn man sich für die Teilung der Stadt interessiert, sollte man ins Mauermuseum gehen. • 5. Wenn man klassische Musik mag, sollte man ein Konzert in der Philharmonie besuchen. • 6. Wenn man ein großer Fußballfan ist, sollte man ein Spiel im Fußballstadion sehen. • 7. Wenn man sich für Meeresbiologie interessiert, sollte man ins Aquarium gehen. • 8. Wenn man gern feiern geht, sollte man in die Bars im Zentrum gehen.

8f offene Antworten

8g Als wir zum ersten Mal unterwegs waren, sind wir acht Stunden gewandert, und ich hatte am nächsten Tag starken Muskelkater. Danach haben wir nicht mehr so lange Touren gemacht und ich habe immer eine Pause gemacht, wenn ich müde war. Aber die Anstrengung lohnt sich, denn die Aussicht, wenn man auf dem Berg ist, ist einfach spektakulär. Außerdem ist jetzt auch das Wetter gut. Als wir ankamen, war es leider nicht so schön, aber inzwischen scheint jeden Tag die Sonne und am Abend sehen wir fantastische Sonnenuntergänge. Übermorgen ist leider schon unser letzter Urlaubstag hier in den Bergen. Aber nächstes Jahr wollen wir wiederkommen. Wir sehen uns bald zuhause! Liebe Grüße, Anna

9a 2a • 3b

9b 2. das Wetter wird besser. • 3. wird eine Traumreise. • 4. wird beim Fliegen schlecht. • 5. wird wütend • 6. Lehrer werden.

9c 2. sind sehr schön geworden. • 3. sind immer ruhiger geworden. • 4. ist sein Lebensstil geworden. • 5. ist krank geworden • 6. sind fertig geworden

9d 2. Dann werden die Zeltstangen zusammengesteckt und durch die Kanäle am Zelt geschoben. • 3. Nun wird das Zelt mit Heringen am Boden fixiert. • 4. Danach werden die Enden der Stangen in die Halterungen an den vier Ecken des Zelts gesteckt. • 5. Jetzt wird das Zelt aufgerichtet. • Schließlich werden die Leinen mit Heringen am Boden befestigt.

10 2. Lehrer • 3. fällt • 4. gefährlich • 5. nehmen • 6. klettern • 7. lesen • 8. Meer • 9. Fähre • 10. kennen • 11. stehlen • 12. See • 13. Zelt • 14. spät • 15. Schnee • 16. herrlich • 17. männlich • 18. Plätze